Môr Goleuni
Tir Tywyll

Waldo Williams

DELWEDDAU Aled Rhys Hughes   GOLYGYDD Damian Walford Davies

Môr Goleuni
Tir Tywyll

Waldo Williams

DELWEDDAU Aled Rhys Hughes   GOLYGYDD Damian Walford Davies

Argraffiad cyntaf – 2004

ISBN 1 84323 378 9 (clawr caled)
ISBN 1 84323 377 0 (clawr meddal)

ⓗ y delweddau: Aled Rhys Hughes
ⓗ y testun: Eluned Richards

Mae Aled Rhys Hughes wedi datgan ei hawl dan
Ddeddf Hawlfraint, Dyluniadau a Phatentau 1988
i gael ei gydnabod fel awdur delweddau'r llyfr hwn.

Cedwir pob hawl. Ni chaniateir atgynhyrchu unrhyw ran o'r
cyhoeddiad hwn, na'i gadw mewn cyfundrefn adferadwy, na'i
drosglwyddo mewn unrhyw ddull na thrwy unrhyw gyfrwng,
electronig, electrostatig, tâp magnetig, mecanyddol, ffotogopïo,
recordio, nac fel arall, heb ganiatâd ymlaen llaw gan y cyhoeddwyr,
Gwasg Gomer, Llandysul, Ceredigion, Cymru.

Dymuna'r cyhoeddwyr gydnabod cymorth
Adrannau Cyngor Llyfrau Cymru.

*Argraffwyd yng Nghymru gan
Wasg Gomer, Llandysul, Ceredigion*

Er cof am Mam, a'm haddysgodd i, ac eraill,
i werthfawrogi mawredd Waldo

ALED

I John Barnie a Helle Michelsen
Mawr oedd cydnaid calonnau

DAMIAN

cynnwys

Cydnabyddiaethau   9

Rhagair   11

Môr Goleuni/Tir Tywyll   17
Geiriau gan Waldo Williams
Delweddau gan Aled Rhys Hughes

Ffynonellau   118

cydnabyddiaethau

Hoffem ddiolch yn gynnes i'r canlynol, a fu'n hael eu cymwynas wrth inni lunio'r gyfrol hon: Eluned Richards, deiliad hawfraint gweithiau Waldo Williams; Vernon Beynon, am gynhesrwydd ei groeso ar dir y ddau gae ac am destun yr englyn anghyhoeddedig, 'Bwlch-y-ddwy-Sir'; Enid Stevens, am ganiatâd i ddyfynnu llythyr Waldo at ei mam, Anna Wyn Jones; Y Parchedig Ganon G. D. Gwyther a'r Parchedigion J. Powell, N. Cale, P. Barnes ac R. P. Davies, am roi caniatâd i gynnwys delweddau a ysbrydolwyd gan yr eglwysi yn eu gofal; Maredudd ap Huw ac Ann Evans yn Llyfrgell Genedlaethol Cymru, Aberystwyth; Peter Finnemore; Paul Cabuts; David Lewis; Alan Bower; Elgan Davies; Sion Ilar; a Bethan Mair yng Ngwasg Gomer am ei chyngor gwerthfawr a'i llygad deallus.

DAMIAN WALFORD DAVIES • ALED RHYS HUGHES

rhagair

Ar achlysur dathlu canmlwyddiant geni Waldo Williams, dyma gyfrol sy'n herio'r 'llygad diog'. Daw'r dyfyniad o gerdd Waldo i Gwenallt, 'Bardd', sy'n ein cymell i ddarllen y bardd 'tywyll' hwnnw mewn golau newydd. Trwy gyfosod gair a delwedd, heria *Môr Goleuni / Tir Tywyll* gonfensiynau cyfforddus ein perthynas â barddoniaeth Waldo, a myopia materol ein golwg ar y byd. Nid 'coffee-table pastoralism' – Terry Gifford biau'r ymadrodd – a geir yn y gyfrol, ond gweledigaeth sydd yn llwyr ymwybodol o draha ein hymwneud â'r ddaear, ac o ffyrnigrwydd ein hymwneud â'n gilydd.

   Bardd y gwrthgyferbyniad sydyn yw Waldo Williams. Deinameg paradocs sy'n egnïo'r farddoniaeth dro ar ôl tro: 'môr goleuni . . . tir tywyll', 'Dygai i mi y llonyddwch mawr. // Rhoddai i mi'r cyffro', 'cân y gwynt . . . dyfnder distawrwydd' ('Mewn Dau Gae'); 'Geneth ifanc oedd yr ysgerbwd carreg' ('Geneth Ifanc'); 'Cael neuadd fawr / Rhwng cyfyng furiau' ('Pa Beth yw Dyn?'); 'Pan dry ei fyw di-lamp yn fôr goleuni / A'i hen unigrwydd yn gymundeb maith' ('Bardd'); 'Dyma un o'r mannau tywyll i mi yn ymddygiad goleuni' (llythyr at

J. E. Caerwyn Williams). Ond dyma hefyd fardd y bydolwg hollgynhwysol sy'n 'bwrw'i rwyd', ei 'gyflawn we', dros elfennau gwrthgyferbyniol ac sy'n dathlu gwahaniaeth a thensiwn o fewn perthynas ddrutach undod. Ystyriwn baradocs teitl ei gerdd enwocaf: sut brofiad yw bod mewn *dau* gae? Cymwys, o gydnabod deuoliaethau'r farddoniaeth, yw fformat deublyg, amlgyfryngol y llyfr hwn. Dramateiddia delweddau grymus Aled Rhys Hughes gymhlethdod gweledigaeth Waldo, ac fe'i hategir gan y ddialog soffistigedig rhwng delwedd a dyfyniad, rhwng delweddau, a rhwng dyfyniadau. Yn aml, nid ieuad syml a chyfosod cymharus a gawn, ond perthynas fwy cymhleth a chythryblus.

Fe'n harweinir, er enghraifft, o'r gwreiddiau sy'n sail i berthynas frawdol (21) i dryblith gwreiddiau sy'n cynrychioli gweoedd dryslyd diwylliant technolegol, amhersonol (22), ac yna i'r olwynion sy'n cynnal yr aradr a'r fagnel fel ei gilydd (23). Wedi'r organig, ceir hylltra hardd yr ôl-ddiwydiannol (24). Fe'n nerthir gan dawelwch ysbrydol (26-31), ond yr hyn sy'n disgwyl amdanom yw'r sarff, trais cynhenid y drefn naturiol, a phrofedigaeth (32-41). Symudwn o'r diriaethol i'r haniaethol, o fanylder i banorama. Awn o'r môr i'r awyr i'r tir (76-9) hyd nes inni brofi cyffro rhyw *synaesthesia* gweledol: ai tir a môr, ynteu dir ac awyr a welwn (50)? Ai eigion ynteu nebiwla (59)?

Perthyn amwysedd anesmwyth i un dilyniant thematig yn arbennig. Ymddengys tir y tanciau ar Benrhyn Castell Martin (fe'i meddiannwyd gan 'allu gau' y Weinyddiaeth Ryfel yn 1939, er dirfawr loes i Waldo) fel traeth haf (44-5). Yn y ddelwedd ryfeddol o'r *Aurora Borealis* – Gwawl y Gogledd – gwelwn yn ogystal fflam a fflac cyrch bomio (47). Pwysleisia'r ddialog â'r dyfyniad cyfochrog na allwn bellach weld y byd trwy lygaid diniwed – ac â chydwybod ddieuog. Ymrithia peiriant amaethyddol yn beiriant rhyfel, yn lansiwr rocedi (48). Ac yn awyrgylch heriol y dyfyniad o 'Y Plant Marw', try carreg Ogam a'i hanes hen yn amdo ysglyfaeth ifanc y rhyfel nesaf (49). Mor aflonyddol-briodol yng nghyd-destun y cyfosodiad ysgytwol hwn yw'r llinell 'Cawsant gerrig yn lle bara, yn syth o'r ffyn tafl'. Ni cheir ymwared trwy ffenestr nad yw'n ffenestr (109). A thoc wedi inni sefyll yng nghyflawnder heddychlon a heddychol Weun Parc y Blawd a Parc y Blawd (72-3), rhaid holi ai cwmwl haf neu gwmwl niwclear sydd yn 'ymchwyddo'n ardderchog' dros 'glosydd [ac] aelwydydd fy mhobl' (75). Ai diogelwch oedd y tywydd? Ai caredigrwydd oedd y tŷ?

Llwydda'r delweddau i ddiriaethu cysyniadau creiddiol Waldo – goleuni, tywyllwch, ffenestr, cwmwl, bwlch, gwreiddyn, pren – mewn modd sydd hefyd yn cyfleu eu pŵer trosiadol. Cryfheir eu heffaith gan ddyfnder distawrwydd y gofod gwyn o'u hamgylch. 'Bydd barddoniaeth yn tynnu llen cynefindra i ffwrdd' medd Waldo, gan ddyfynnu datganiad enwog Shelley. Dyna yw effaith nifer o ddelweddau *Môr Goleuni / Tir Tywyll* yn ogystal. Dieithriant y beunyddiol am un funud fach, a'i droi'n bos, yna'n sythwelediad, yna'n weledigaeth (85). Dehonglwn batrymau dychmygus y byd o'r newydd (79). Saif asesiad afieithus Waldo o gyfrol gyntaf Bobi Jones fel disgrifiad teilwng o lawnder y gyfrol hon yn ogystal: 'Adnewyddu bywyd y mae, trwy rinweddau plentyndod, gwreiddioldeb a diffuantrwydd a brwdfrydedd, yn doreth o ddelweddau, yn tarddu o'r teimlad, yn ymsaethu i olau'r dychymyg, yn syrthio i'w lle ar wyneb y deall. Rhaid mai rhyw weithgaredd fel hyn oedd ein amgyffred cyntaf o'r byd'.

Ond yn sicr, nid siwrnai waredol, deleolegol o gyfyngdra 'ogofâu'r nos' ar ddechrau'r gyfrol i'r esgynfeydd sy'n ein codi'n anochel i waredigaeth y môr goleuni a gynigir yma, eithr cyfres o lwybrau dyrys, personol trwy orfoledd a galar. Nid 'llunio arfaeth orffenedig' (geiriau Waldo ar derfyn 'Paham yr Wyf yn Grynwr') a wna'r llyfr, ond lledawgrymu pwrpas a phatrwm lleol, mewn diptychau a thriptychau, o fewn naratif cynganeddol ehangach.

   Medd Waldo: 'Nid oes dim a'n rhyddha ond yr ymateb rhwng personau' ('Pam y Gwrthodais Dalu Treth yr Incwm'). Nid pobl yn eu diriaeth sy'n denu sylw Aled Rhys Hughes fel artist yn gymaint ag olion eu cyfeillach (87), y presenoldeb a awgrymir gan eu habsenoldeb (27-31, 88-91), eu trywydd yn y tir (64-7, 70, 110-115), ynghyd â phresenoldebau natur. Ond nid tra-dyrchafu byd natur a'r byd ysbrydol ar draul 'yr ymateb rhwng personau' a wna'r weledigaeth gyfriniol, werdd hon, ond dehongli'r 'rhwydwaith dirgel' sy'n ein cydio ynghyd – ac sy'n ein huno â'n hamgylchfyd – trwy lens amgen, gan wybod, ganrif ar ôl geni Waldo Williams, ei bod 'yn fater personol inni i gyd'.

DAMIAN WALFORD DAVIES

O ogofâu'r nos y cerddasom
I'r gwynt am a gerddai ein gwaed;
Tosturi, O sêr, uwch ein pennau,
Amynedd, O bridd, dan ein traed.

'PLENTYN Y DDAEAR'

Ôl hen ryfel a welais,
Y cysgod trwm lle cwsg trais,
Tua'r awyr tŵr eofn,
Yn ddu rhag yr wybren ddofn.

'Y TŴR A'R GRAIG'

Moel gadarn draw, ac arni
Garreg hen.

'Y TŴR A'R GRAIG'

Beth yw byw? Cael neuadd fawr
Rhwng cyfyng furiau.
Beth yw adnabod? Cael un gwraidd
Dan y canghennau.

'PA BETH YW DYN?'

. . . yr ydym wedi'n drysu gan olwynion a gweoedd.

ADOLYGIAD AR *GWERINIAETH: AGWEDDAU I'R BROBLEM GYFOES*

Pan dderfydd am y bodlon haearn bwrw
Pery ei gyhyrog haearn gyr,

Oherwydd crefft, a chrefft oherwydd angerdd.

'BARDD'

Lle y bydd dau a'r berthynas iawn rhyngddynt, onid oes awgrym am ewyllys Trydydd . . .?

'BRENHINIAETH A BRAWDOLIAETH'

Llithra'r cawr gorffwyll yn sarffaidd heb si, i bob gwlad.
Lle tery ei oerdorch ef rhed rhyndod trwy'r awyr.

'Y PLANT MARW'

A phwy yw hon sy'n lladd
Eu hadar yn nwfn y gwrych,
Yn taflu i'r baw'r pluf blwydd,
I'w gwatwar ag amdo gwych?

'O BRIDD'

Geneth ifanc oedd yr ysgerbwd carreg.
Bob tro o'r newydd mae hi'n fy nal.
Ganrif am bob blwyddyn o'm hoedran
I'w chynefin af yn ôl.

'GENETH IFANC'

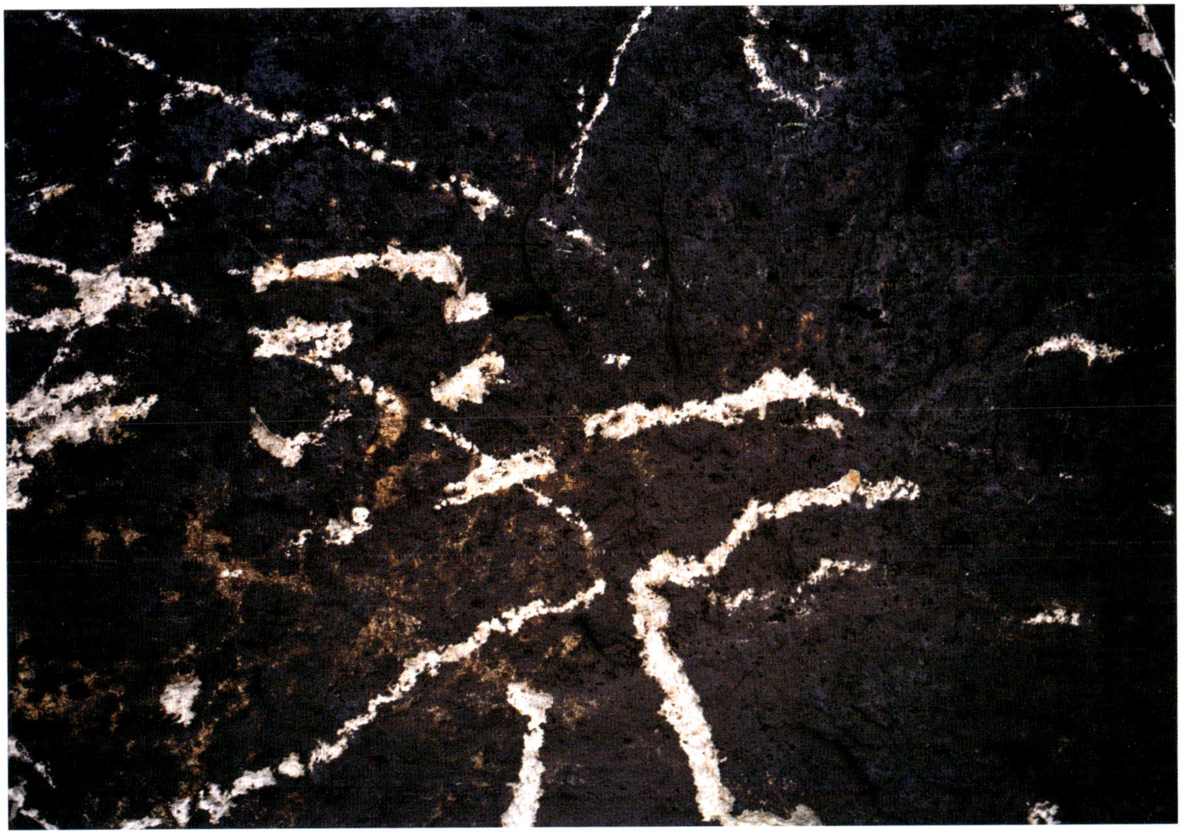

Hi fu fy nyth, hi fy nef . . .

Hi wnaeth o'm hawen, ennyd,
Aderyn bach uwch drain byd.

'LINDA'

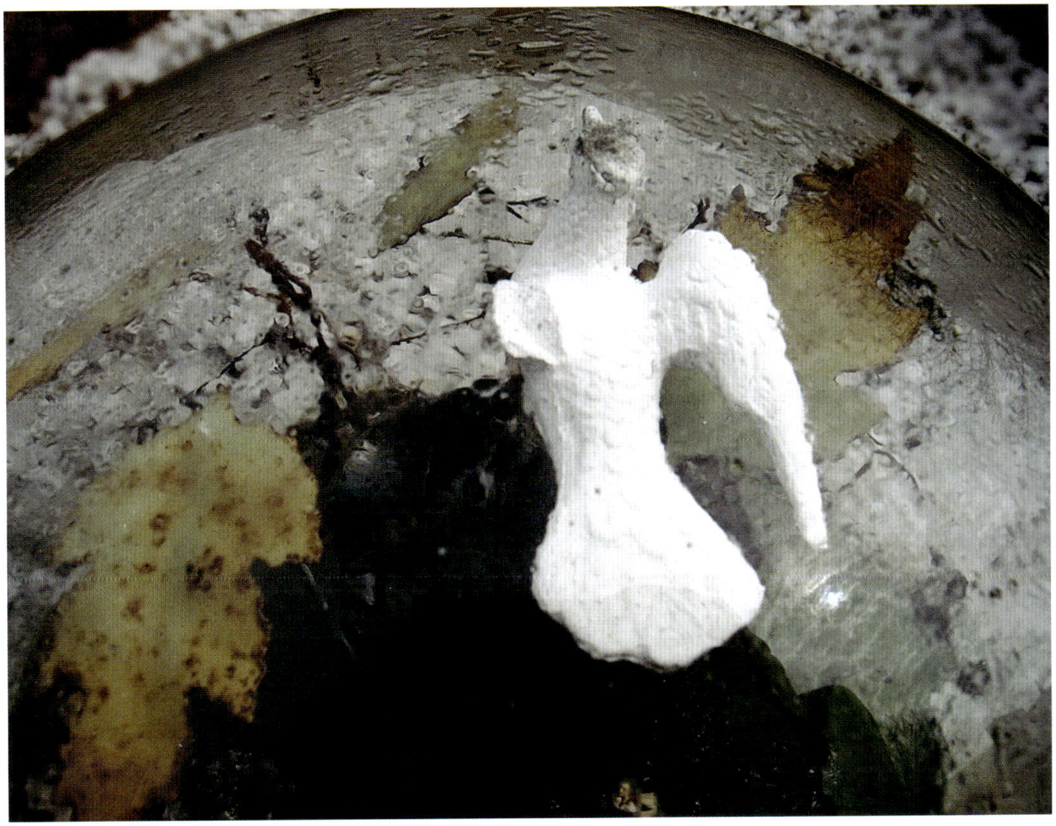

Hir iawn, O Bridd, buost drech
Na'm llygaid; daeth diwedd hir iawn,
Mae dy flodau coch yn frech,
Mae dy flodau melyn yn grawn.

'O BRIDD'

Eiddot, bridd rhonc, yw'r goncwest ar y clom.

'BWLCH-Y-DDWY-SIR'

O bridd:O bridd,ystyria'n bridd,
Rhoi'r pridd mewn pridd i lechu:
Ac erys pridd mewn pridd nes bydd
Y pridd or pridd yn codi.

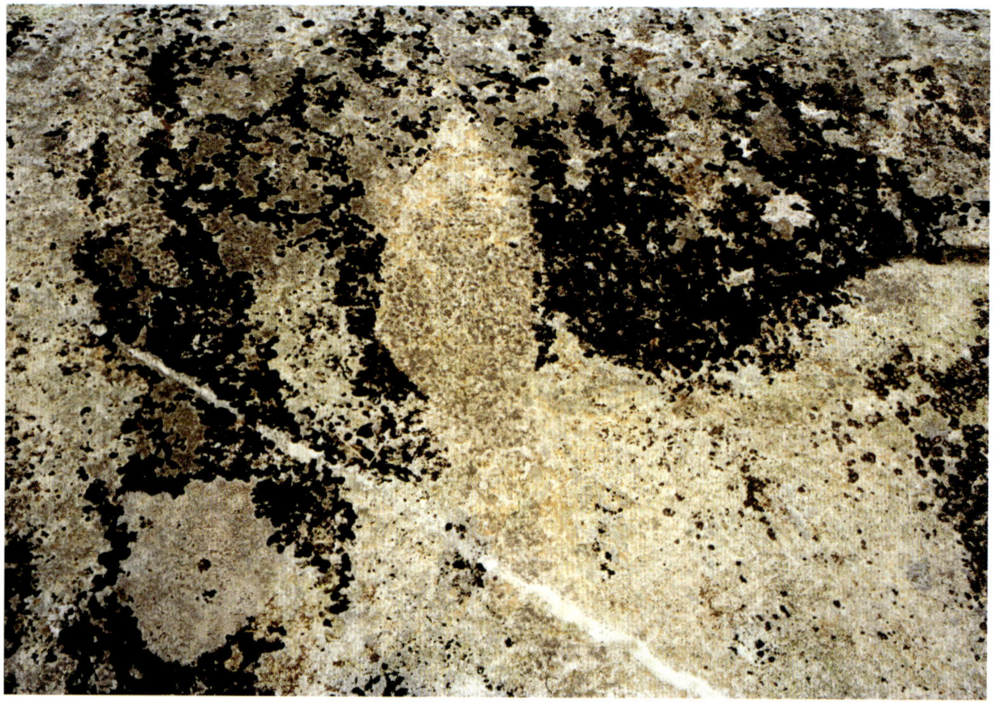

Mae'r saeth lem
O wythi yw byw bŵau?
Mae'r oerfain wayw? Mae'r arfau?
Mae hil orchfygol Gwilym?
Mae'r aerwyr llu? Mae'r iarll llym?

'Y TŴR A'R GRAIG'

Bûm yn adrodd wrth rai neithiwr y gân a yrrais atoch, a chredent nad oeddwn wedi gosod allan yn ddigon clir am ba beth y canwn – y ffermydd rhwng Cors Castell Martin a'r môr, lle bydd y 'Tank Range' cyn hir.

EGLURHAD AR 'DAW'R WENNOL YN ÔL I'W NYTH'

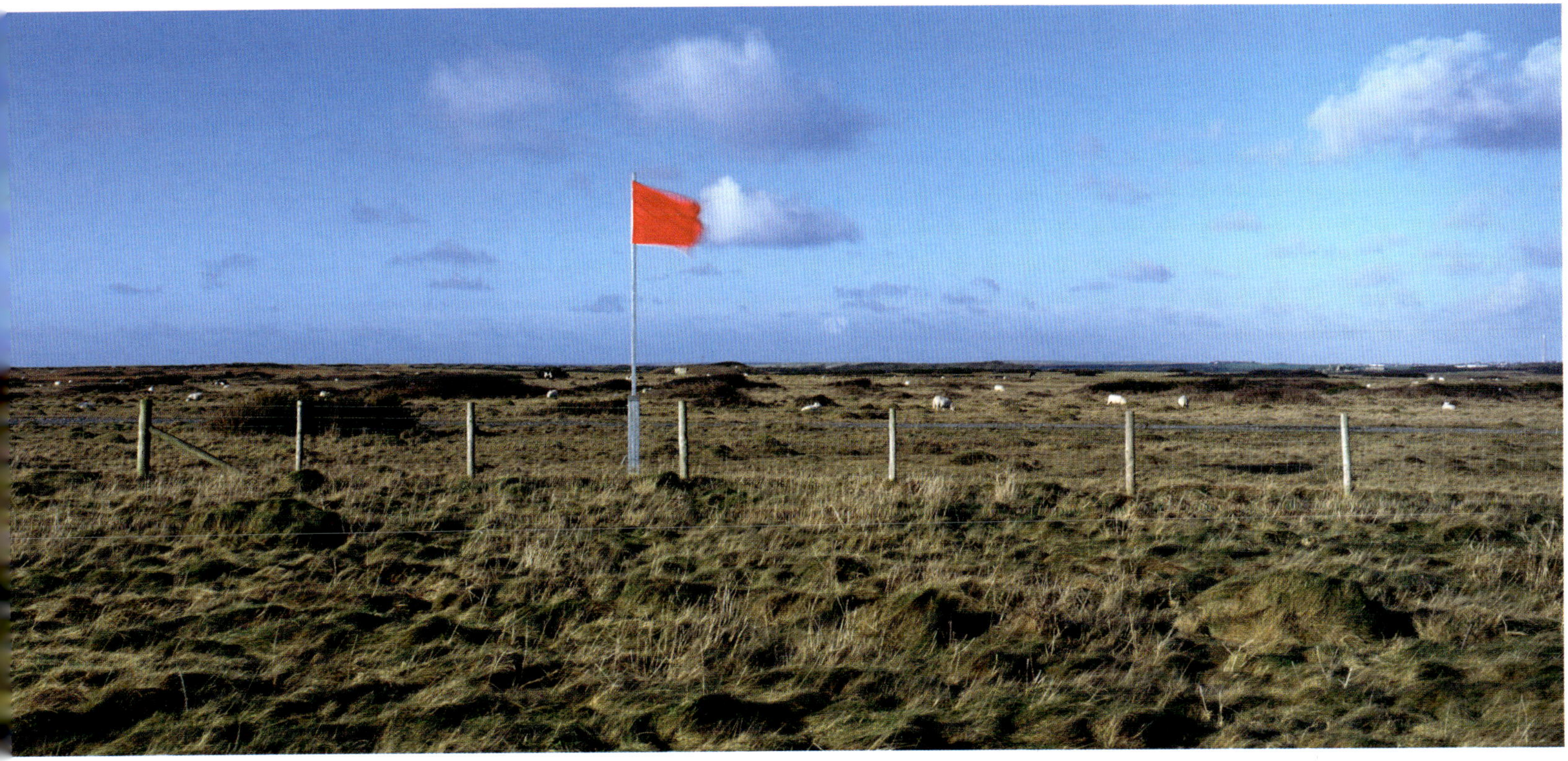

Uwch yr eira, wybren ros,
  Lle mae Abertawe'n fflam.
  . . .
Pa beth heno, eu hystâd,
  Heno pan fo'r byd yn fflam?
Mae Gwirionedd gyda 'nhad
  Mae Maddeuant gyda 'mam.
Gwyn ei byd yr oes a'u clyw,
Dangnefeddwyr, plant i Dduw.

'Y TANGNEFEDDWYR'

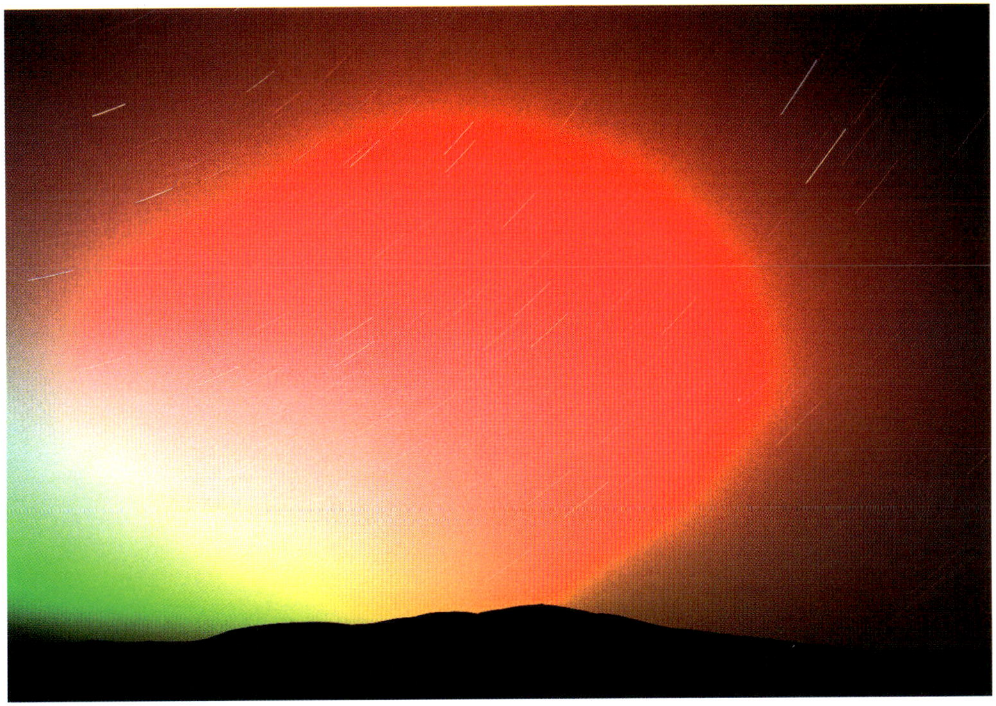

Ond wele, mae'r hen allt yn tyfu eto
  A'i chraith yn codi'n lân oddi ar ei chlwy . . .
A llywodraethwyr dynion a'u dyfeiswyr
  Yn llunio arfau damnedigaeth fwy.

'YR HEN ALLT'

Dyma gyrff plant. Buont farw yn nechrau'r nos.
Cawsant gerrig yn lle bara, yn syth o'r ffyn tafl.
Ni chawsant gysgod gwal nes gorwedd yn gyrff.
Methodd yr haul o'r wybr â rhoddi iddynt ei wres,
Methodd hithau, eu pennaf haul, a'i chusan a'i chofl,
Oherwydd cerrig y byd, oherwydd ei sarff.

'Y PLANT MARW'

Dyfnach yno oedd yr wybren eang
Glasach ei glas oherwydd hon.
Cadarnach y tŷ anweledig a diamser
Erddi hi ar y copâu hyn.

'GENETH IFANC'

A leda'r hwyrnos drosom?

'Y TŴR A'R GRAIG'

Gwlad wen yn erbyn wybren oer . . .

'LLANFAIR-YM-MUALLT'

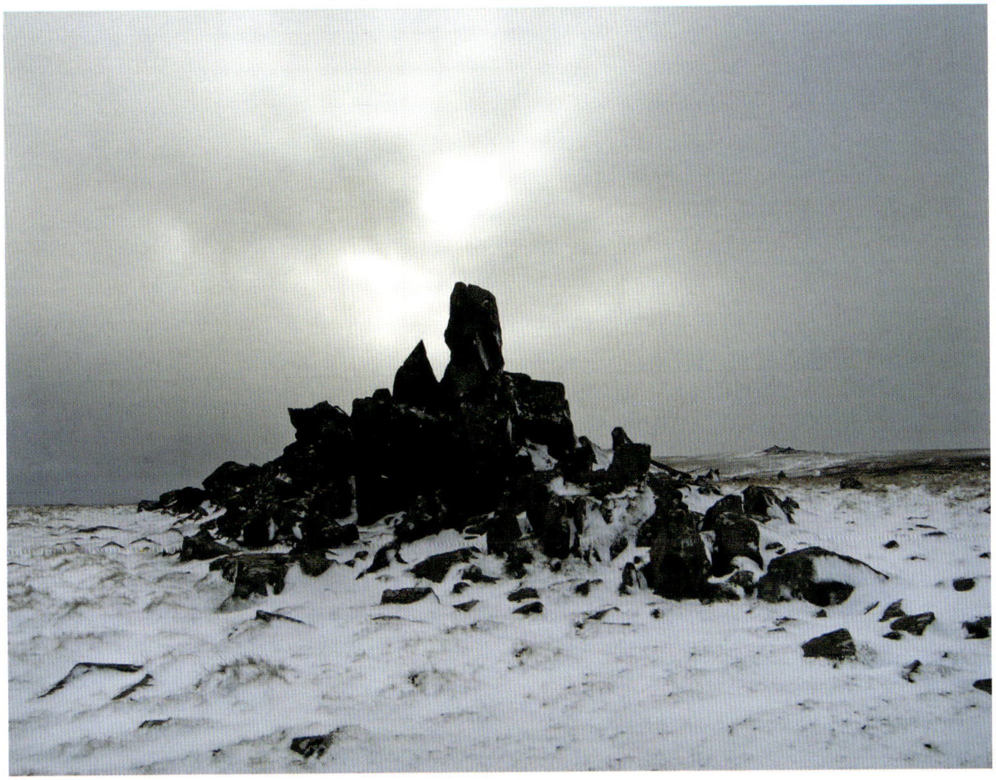

Un llawr o iâ glas yw'r lle,
A throed ni chyrhaedda, na chri,
I'w pherffaith ddiffeithwch oer . . .

'O BRIDD'

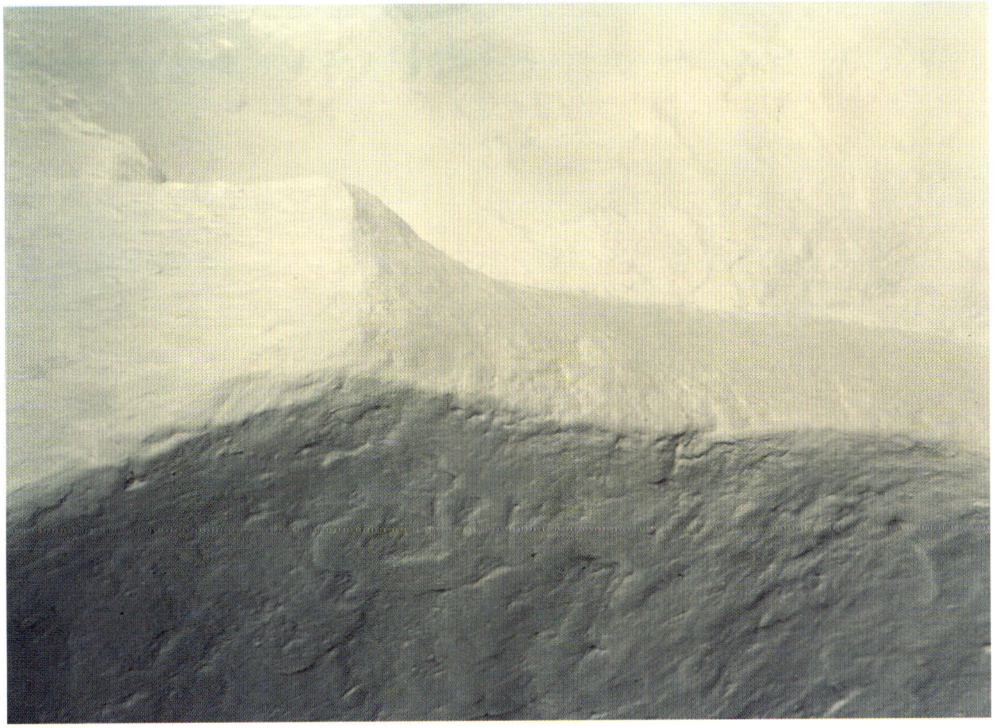

A hardd yr egyr hen ffyrdd yr eigion.

'TŶ DDEWI'

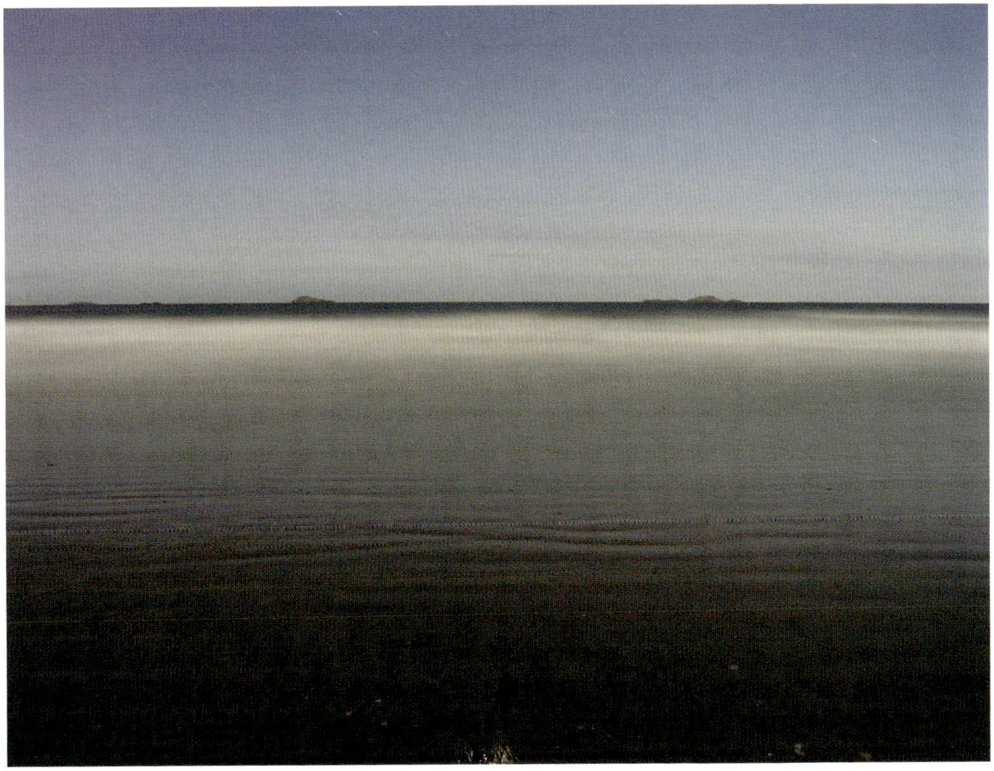

Nos Duw am

Ynys Dewi

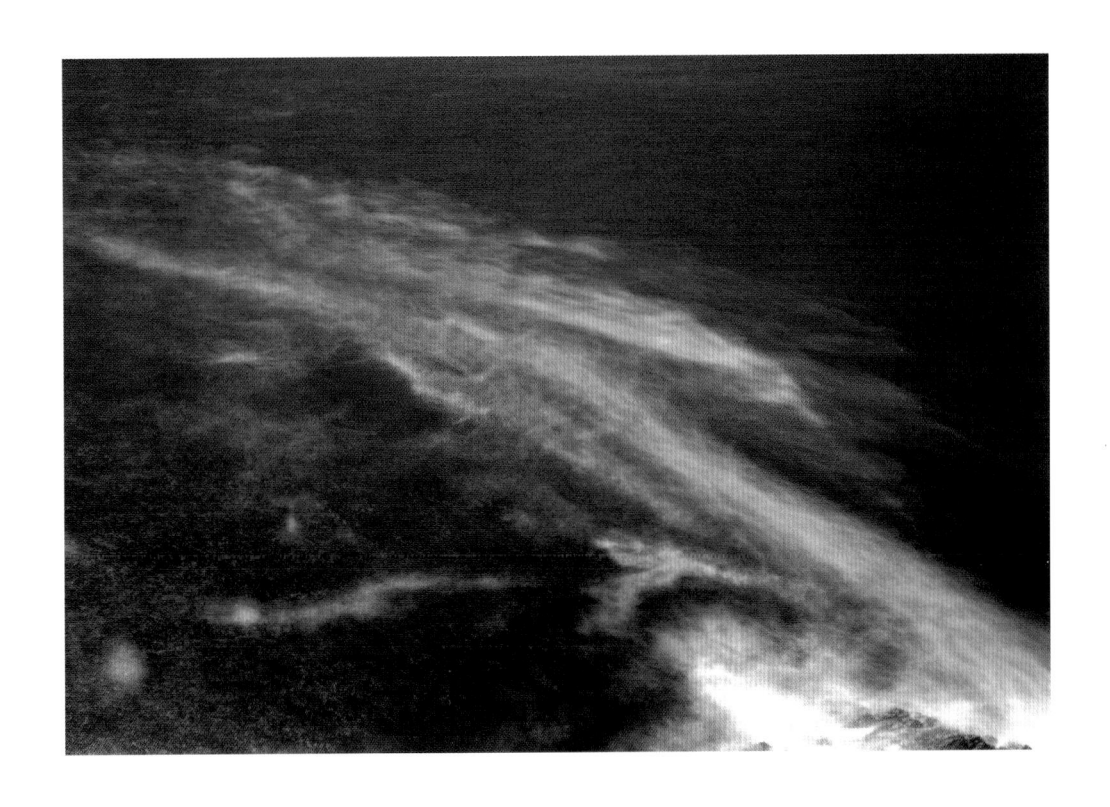

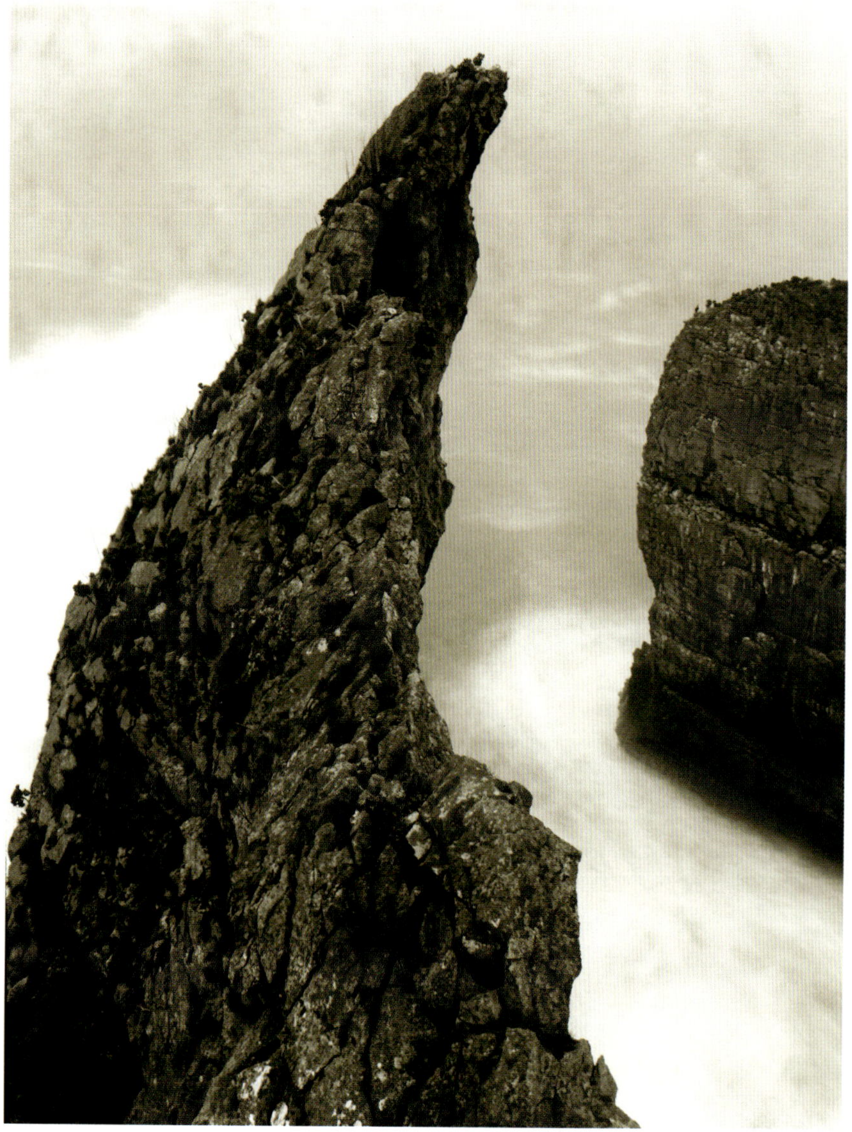

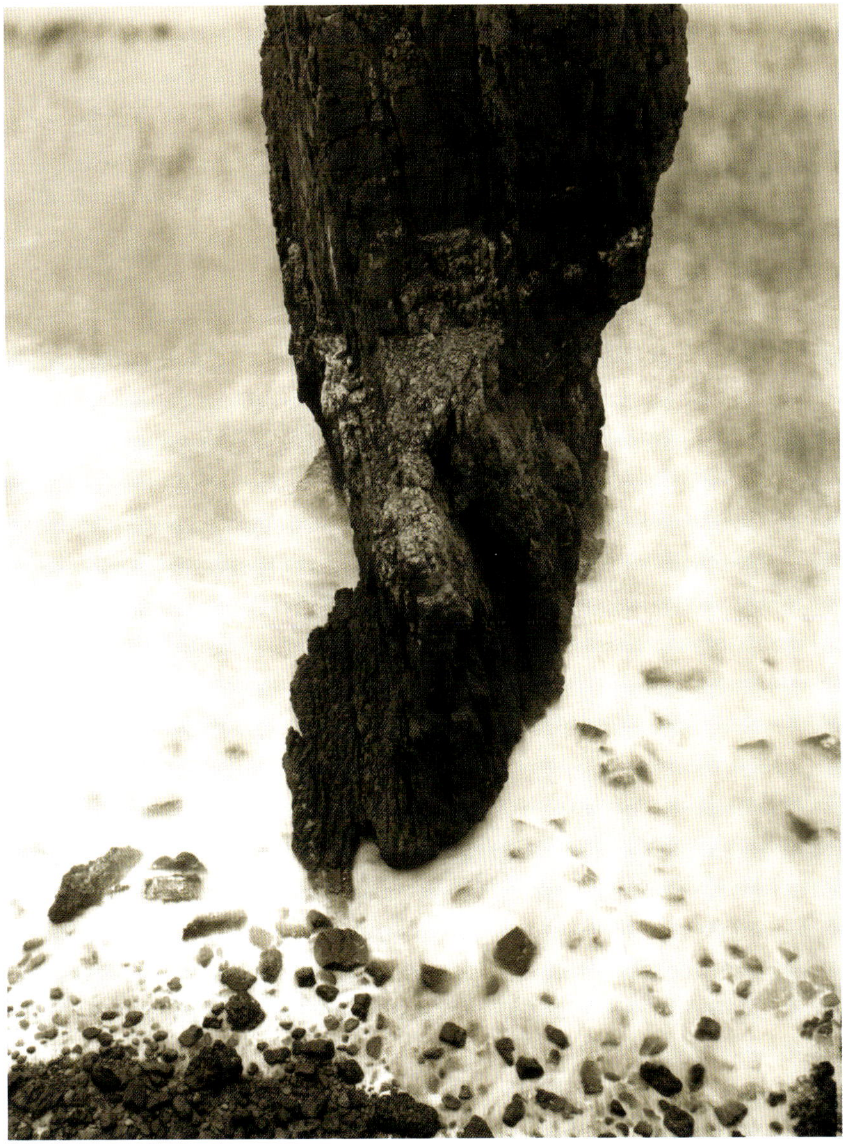

Araith y cof yw hiraeth y cyfan.
Hiraeth am y fro ar y gro a'r graean.

'TŶ DDEWI'

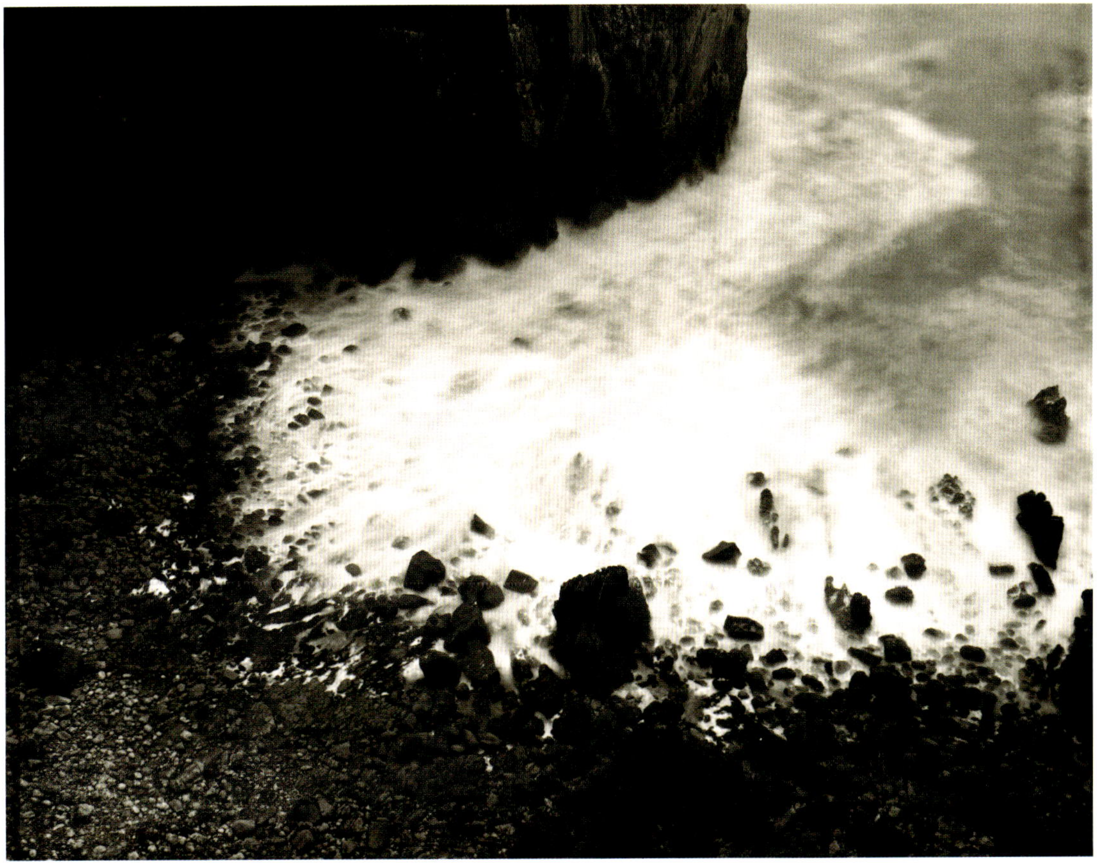

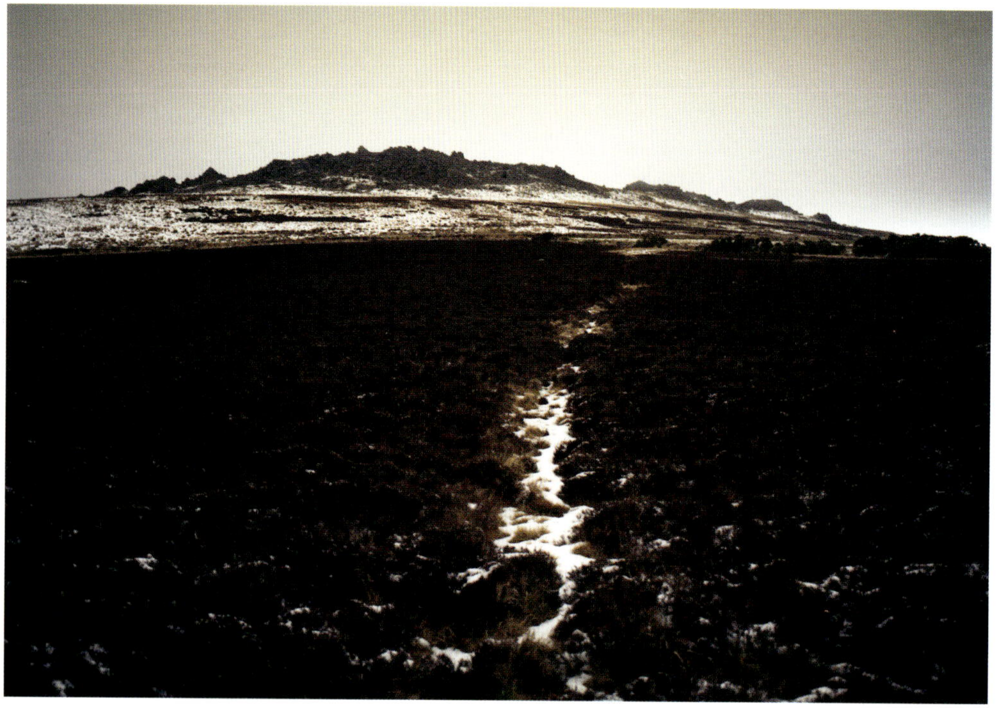

Mur fy mebyd, Foel Drigarn, Carn Gyfrwy, Tal Mynydd,
Wrth fy nghefn ym mhob annibyniaeth barn.
A'm llawr o'r Witwg i'r Wern ac i lawr i'r Efail
Lle tasgodd y gwreichion sydd yn hŷn na harn.

'PRESELI'

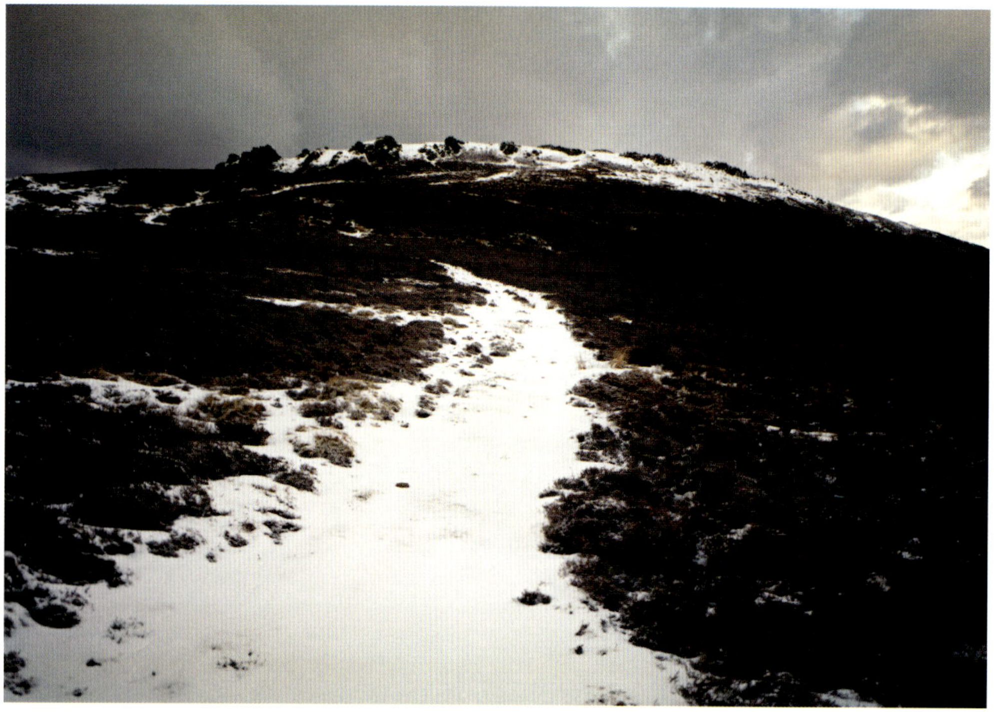

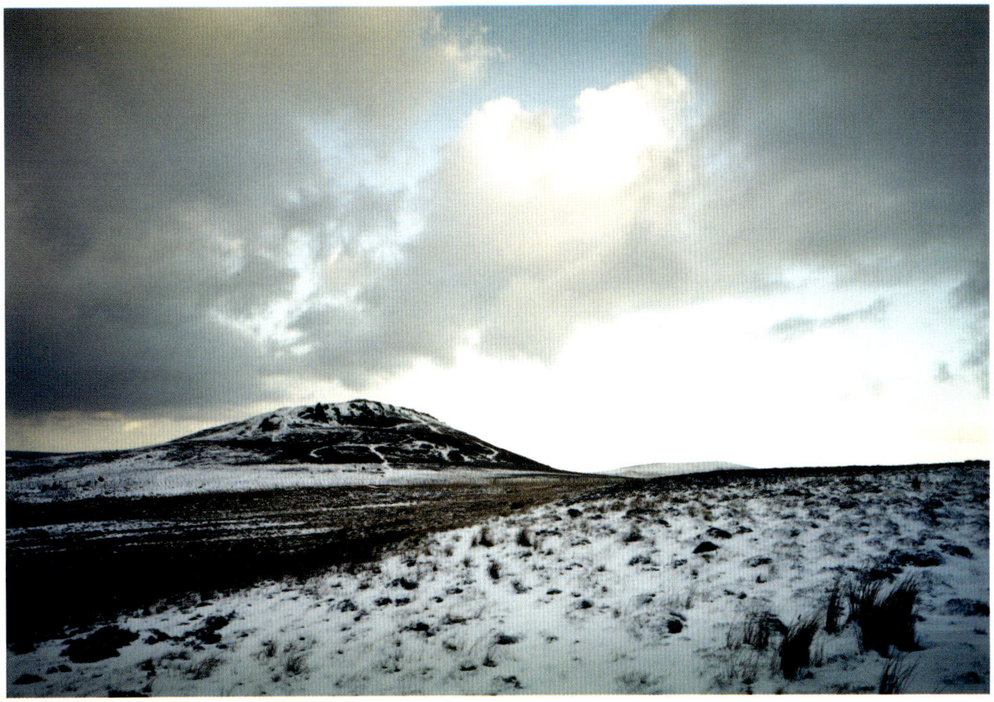

Mawr oedd cydnaid calonnau wedi eu rhew rhyn.
Yr oedd rhyw ffynhonnau'n torri tua'r nefoedd
Ac yn syrthio'n ôl a'u dagrau fel dail pren.

'MEWN DAU GAE'

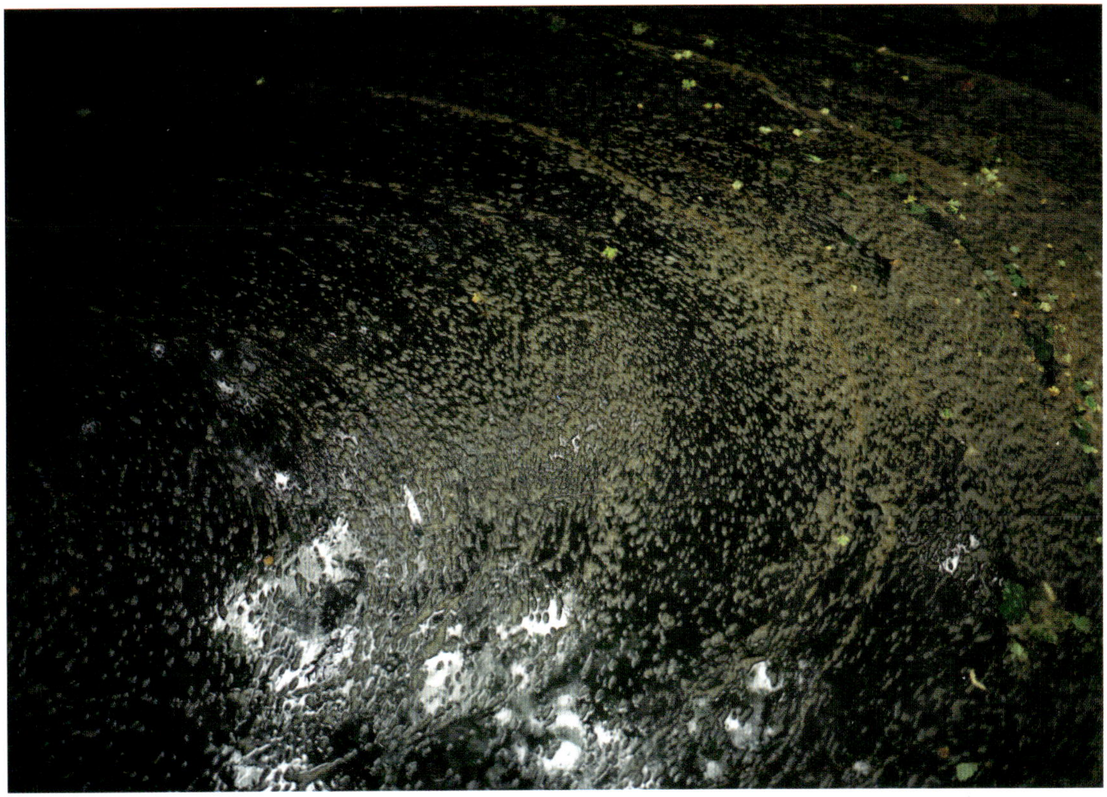

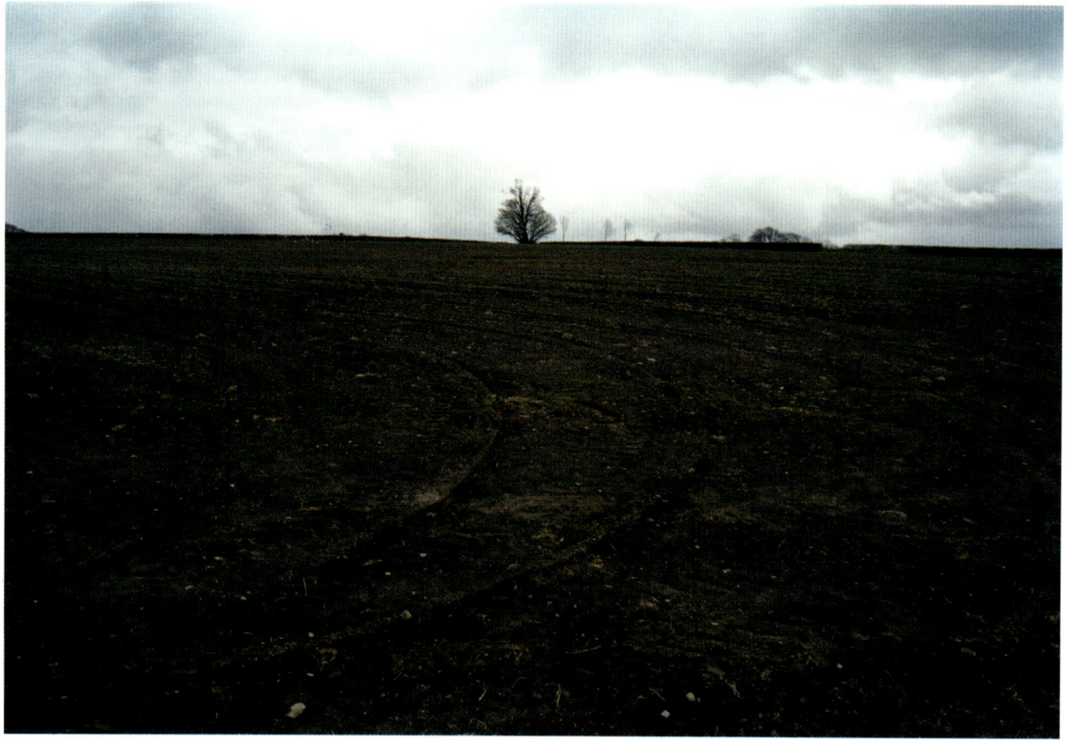

Dau gae ar dir cyfaill a hen gymydog i mi, John Beynon, Y Cross, Clunderwen, yw Weun Parc y Blawd a Parc y Blawd. Yn y bwlch rhwng y ddau gae tua deugain mlynedd yn ôl sylweddolais yn sydyn, ac yn fyw iawn, mewn amgylchiad personol tra phendant, fod dynion, yn gyntaf dim, yn frodyr i'w gilydd.

EGLURHAD AR 'MEWN DAU GAE'

Diau y daw'r dirháu, a pha awr yw hi
Y daw'r herwr, daw'r heliwr, daw'r hawliwr i'r bwlch,
Daw'r Brenin Alltud a'r brwyn yn hollti.

'MEWN DAU GAE'

Ef yw'r Brenin Alltud. Wele Ef yn cerdded atom trwy'r bwlch . . . cerdd trwy ryw argyfwng mewn hanes a'r pryd hynny bydd y nerthoedd oedd piau'r byd bryd hynny yn hollti fel brwyn yn ffordd Ei draed.

EGLURHAD AR 'MEWN DAU GAE'

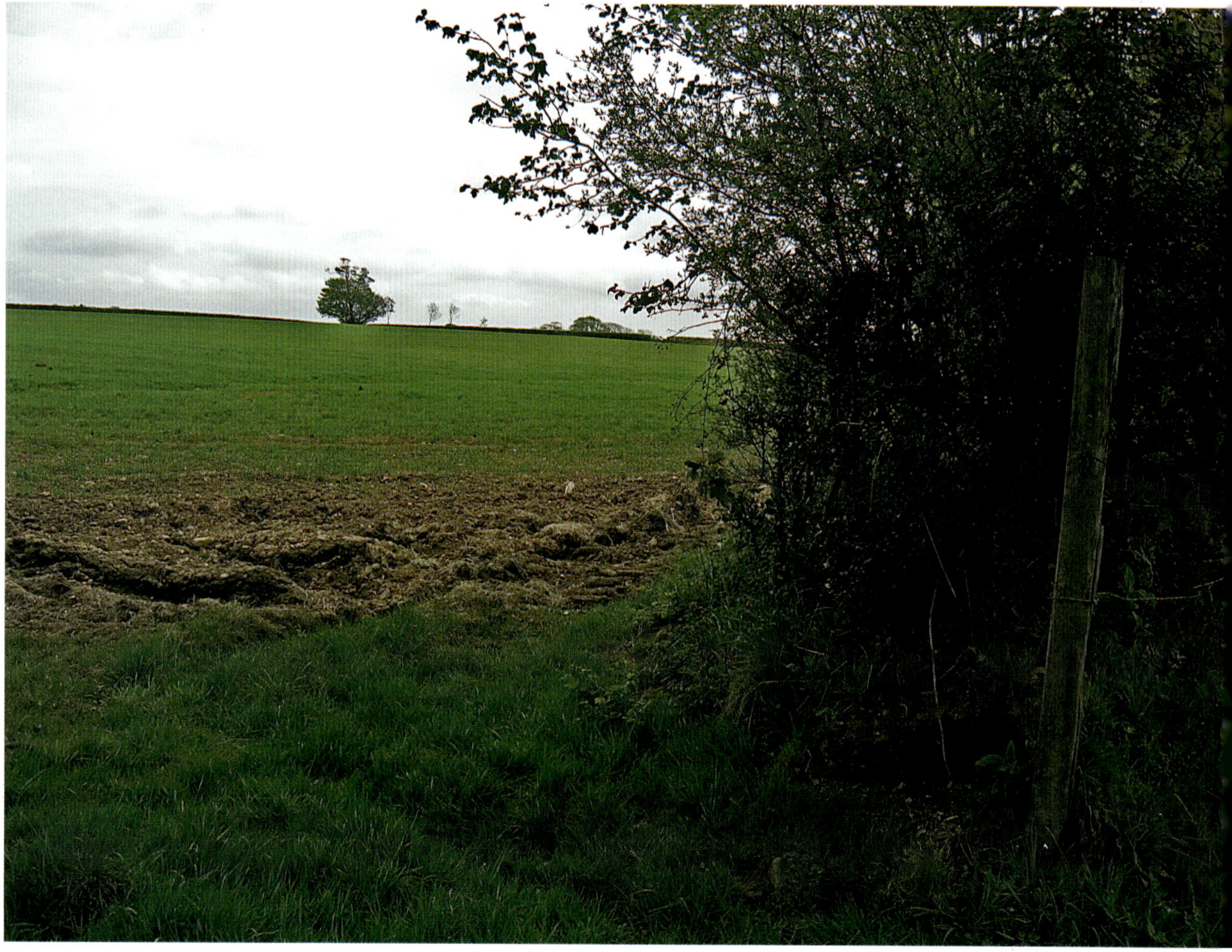

73

Ac ar glosydd, ar aelwydydd fy mhobl –
Hil y gwynt a'r glaw a'r niwl a'r gelaets a'r grug,
Yn ymgodymu â daear ac wybren ac yn cario
Ac yn estyn yr haul i'r plant, o'u plyg.

'PRESELI'

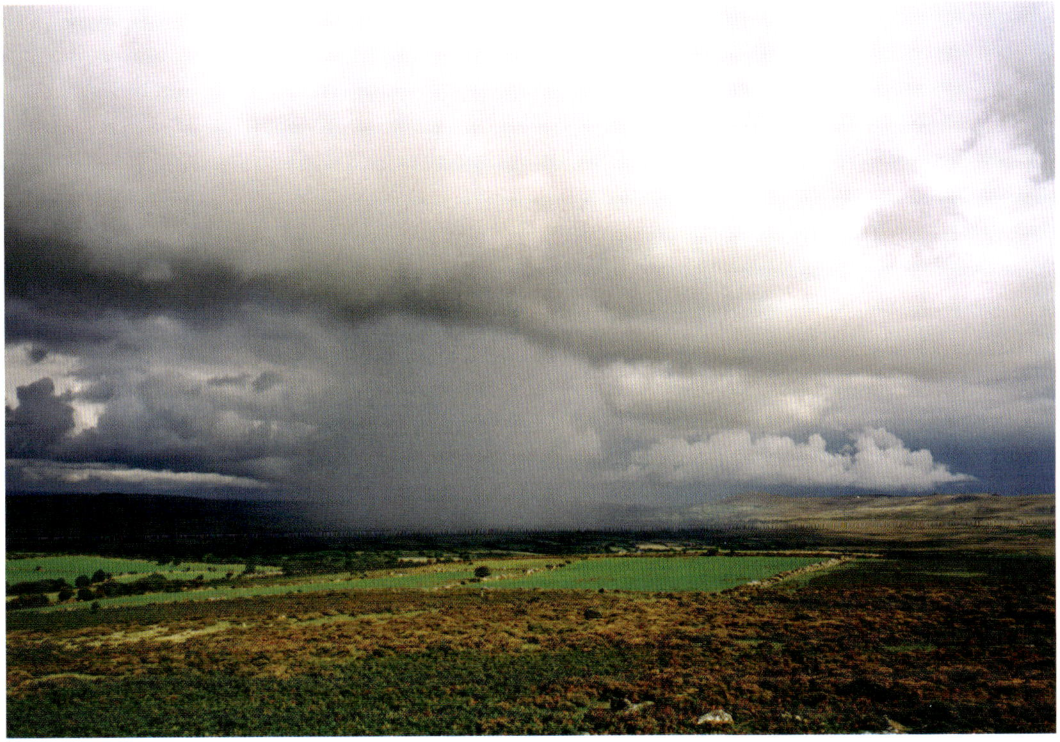

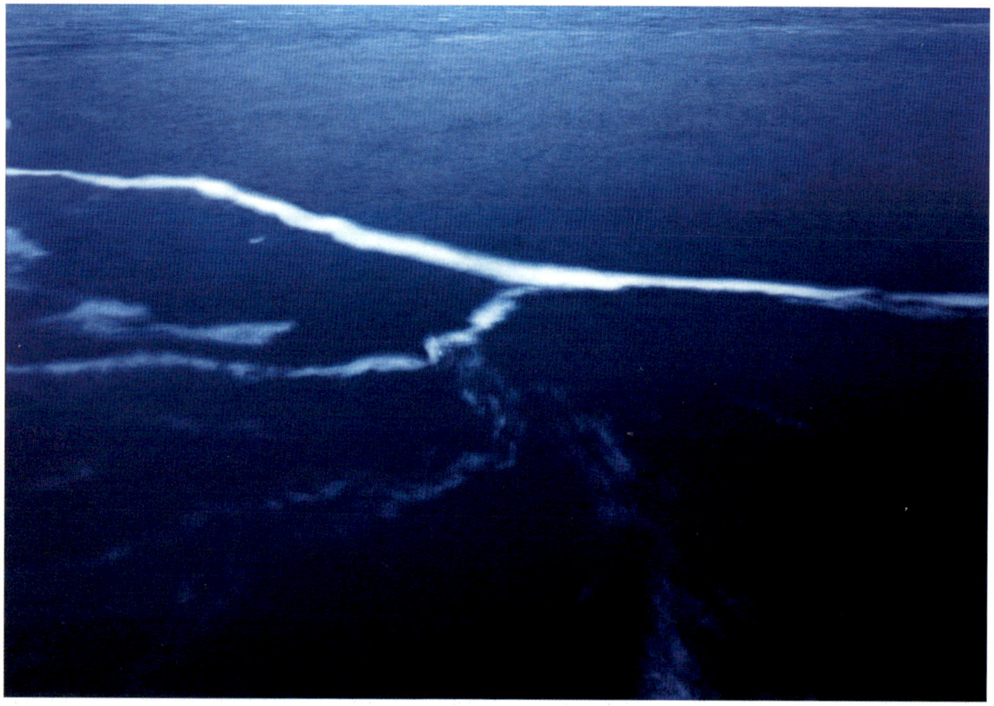

Mae eigion golygon glas
Ac o'u mewn y gymwynas.

'TŶ DDEWI'

Am hyn y myfyria'r dydd dan yr haul a'r cwmwl
A'r nos trwy'r celloedd i'w mawrfrig ymennydd.

'MEWN DAU GAE'

O ba le'r ymroliai'r môr goleuni
Oedd a'i waelod ar Weun Parc y Blawd a Parc y Blawd?
Ar ôl imi holi'n hir yn y tir tywyll,
O b'le deuai, yr un a fu erioed?

'MEWN DAU GAE'

81

Wedi'r canrifoedd mudan clymaf eu clod.
Un yw craidd cred a gwych adnabod
Eneidiau yn un â'r rhuddin yng ngwreiddyn Bod.

'WEDI'R CANRIFOEDD MUDAN'

Nid oes yng ngwreiddyn Bod un wywedigaeth
Yno mae'n rhuddin yn parhau.

'NID OES YNG NGWREIDDYN BOD'

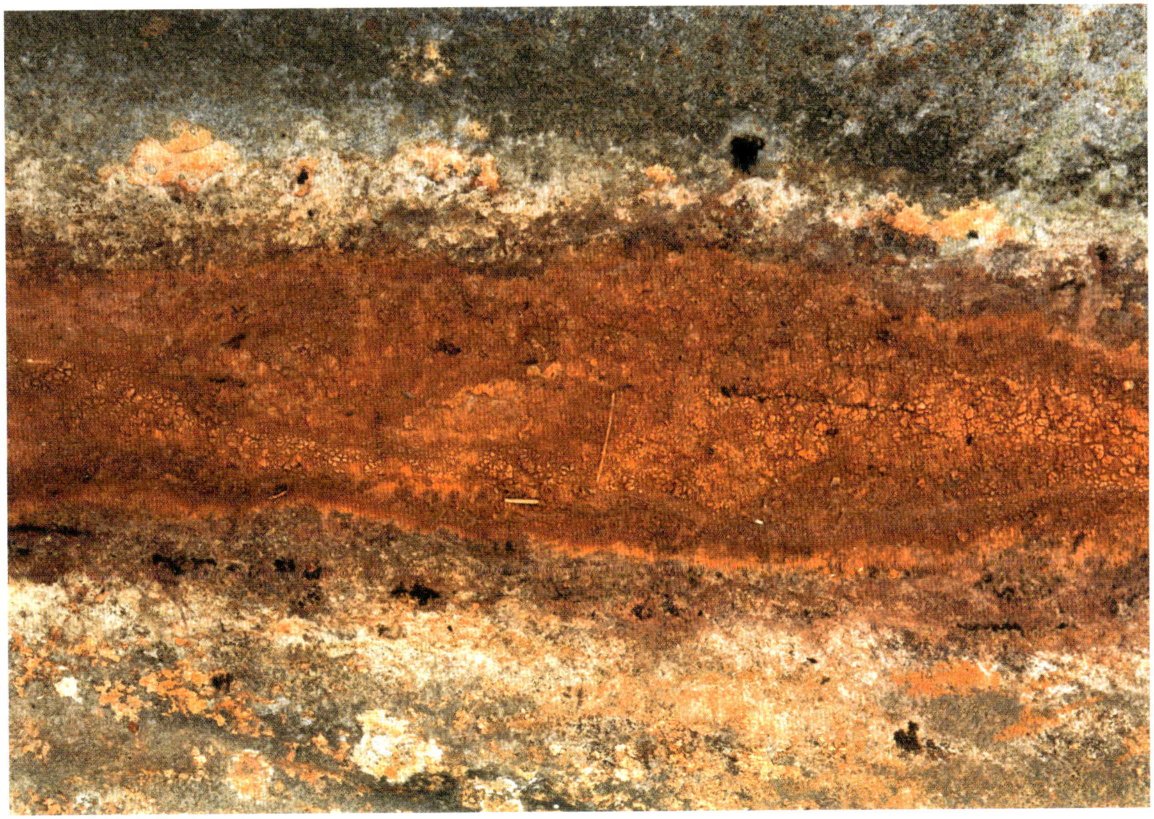

Mae rhwydwaith dirgel Duw
Yn cydio pob dyn byw;
Cymod a chyflawn we
Myfi, Tydi, Efe.

'BRAWDOLIAETH'

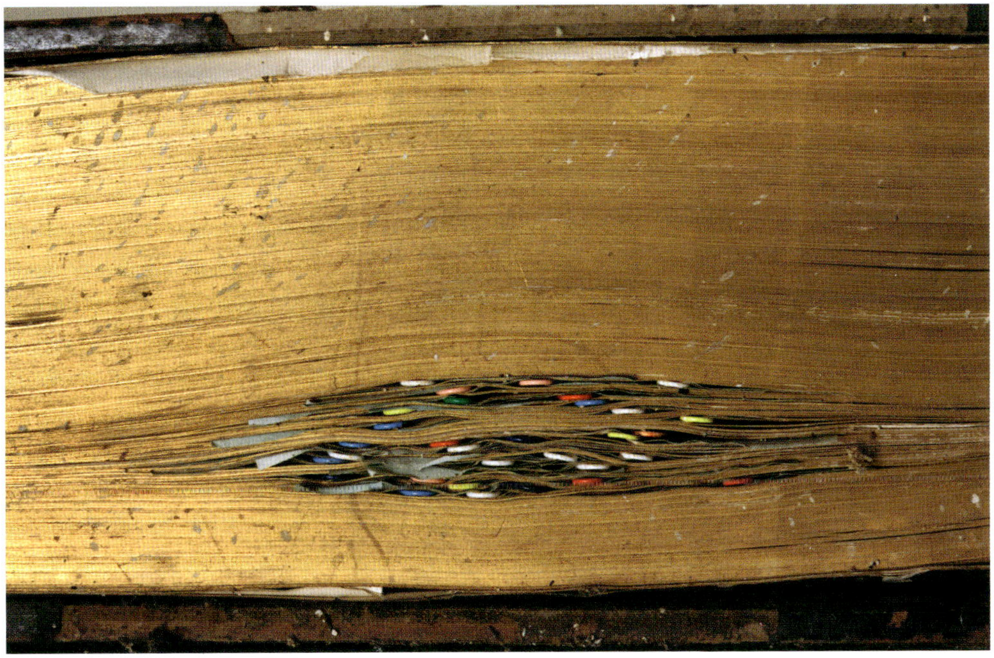

Nid oes dim a'n rhyddha ond yr ymateb rhwng personau.

'PAM Y GWRTHODAIS DALU TRETH YR INCWM'

Bydd cyfeillach ar ôl hyn.

'CYFEILLACH'

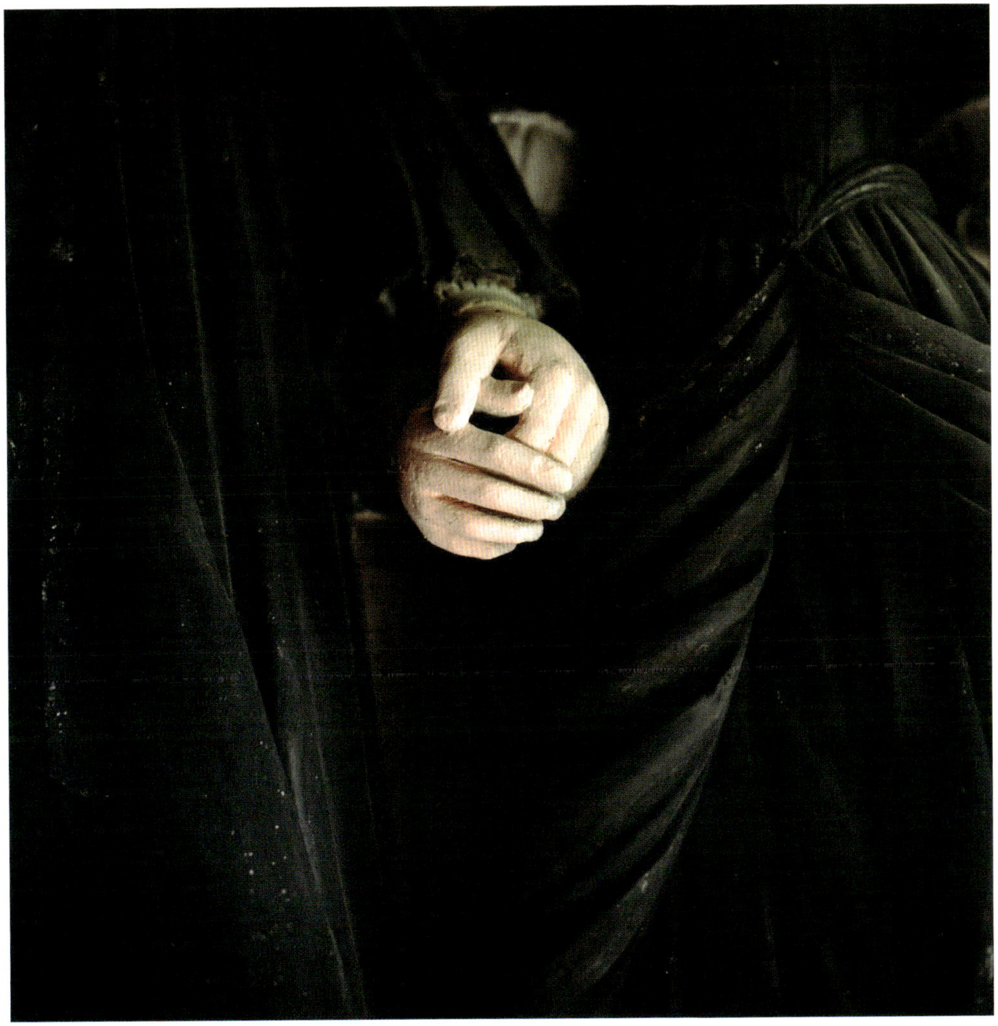

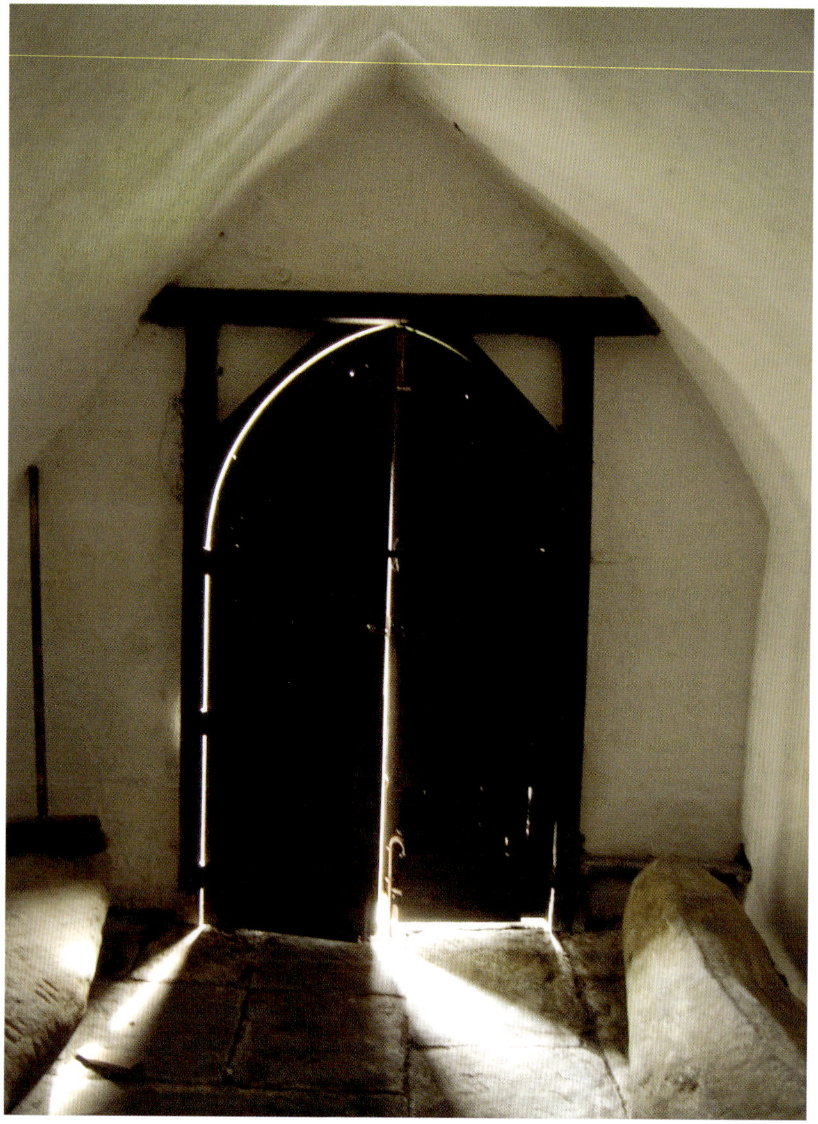

A chwestiwn hen athro i ni yn y festri gerllaw oedd: 'A all gair brenin beri i beth fod yn iawn os nad yw'n iawn gan Dduw?' Yr wyf yn gweld yn awr belydr yr haul trwy ffenestr y gorllewin – nos Sul ydoedd – yn taro ar y gadair yr eisteddai ynddi.

'PAM Y GWRTHODAIS DALU TRETH YR INCWM'

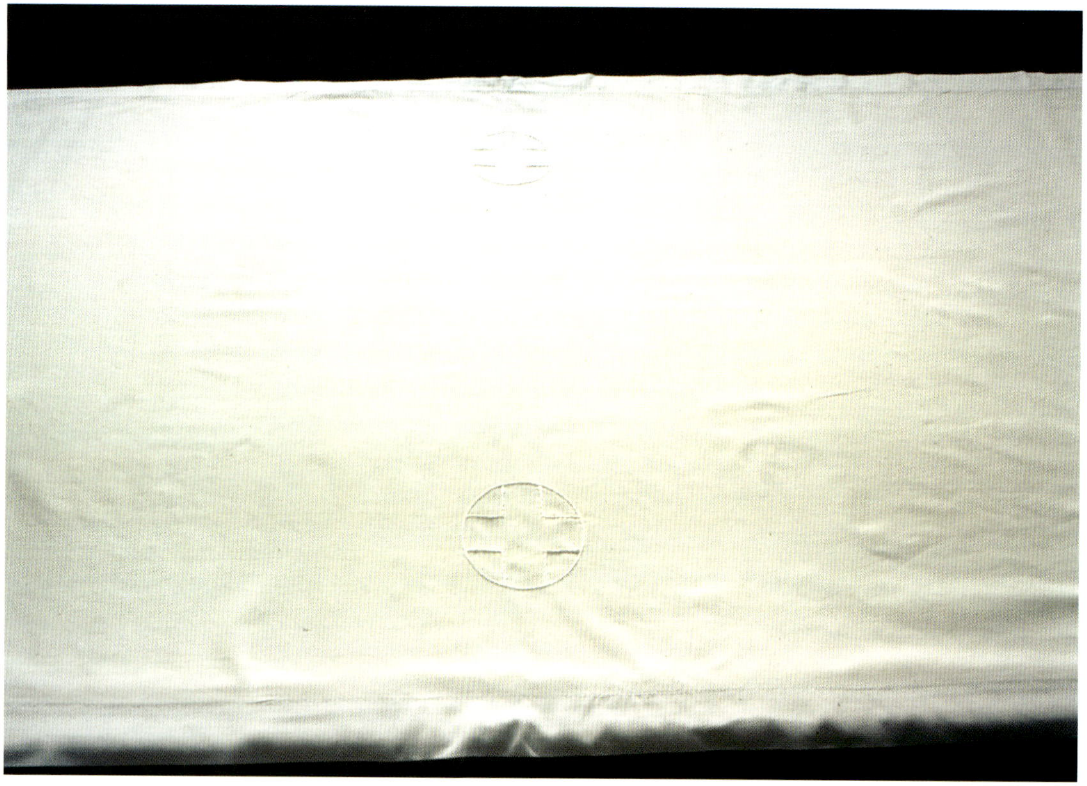

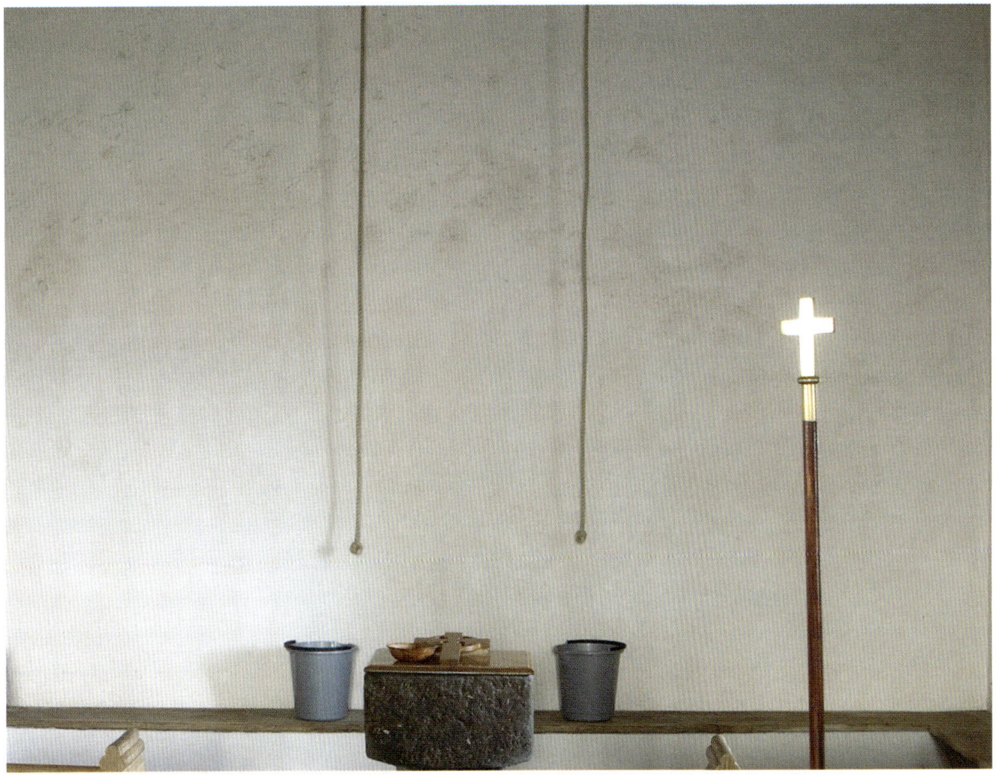

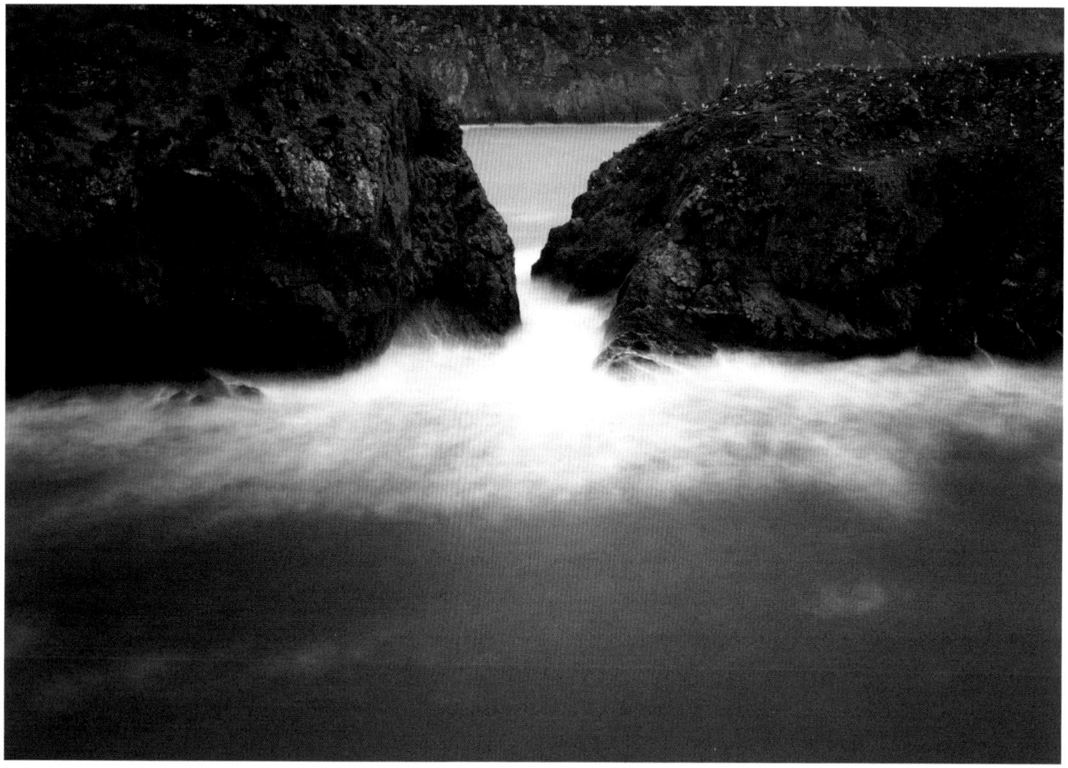

Eigion yr archipelágo . . .

'OHERWYDD EIN DYFOD'

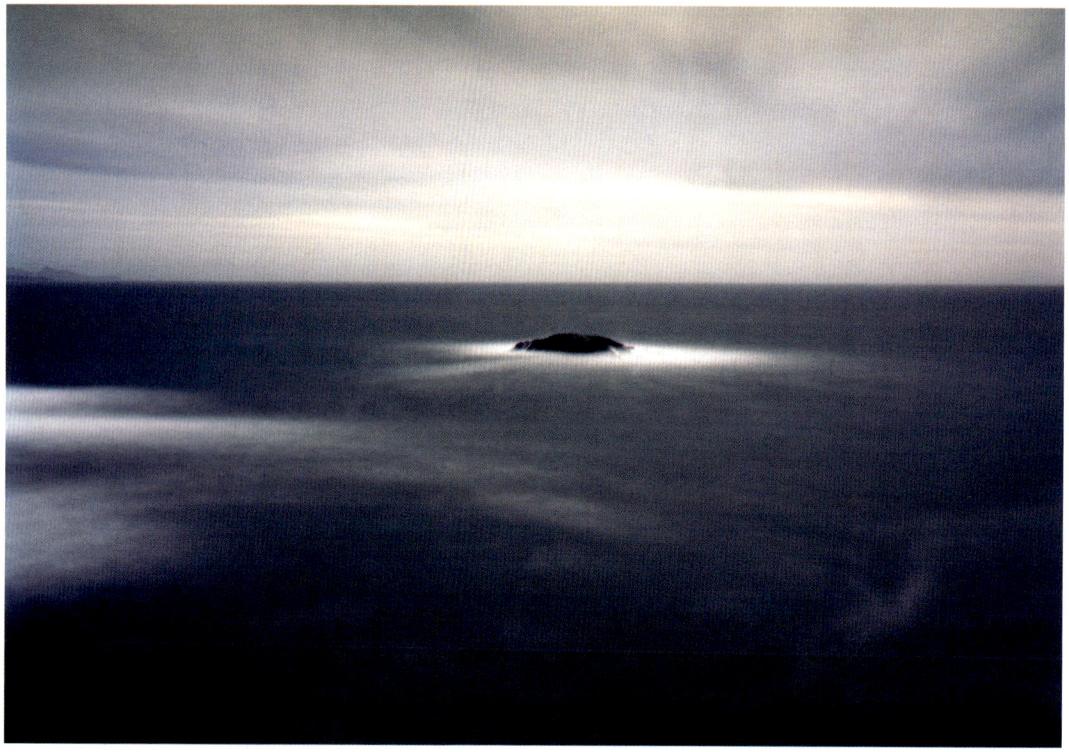

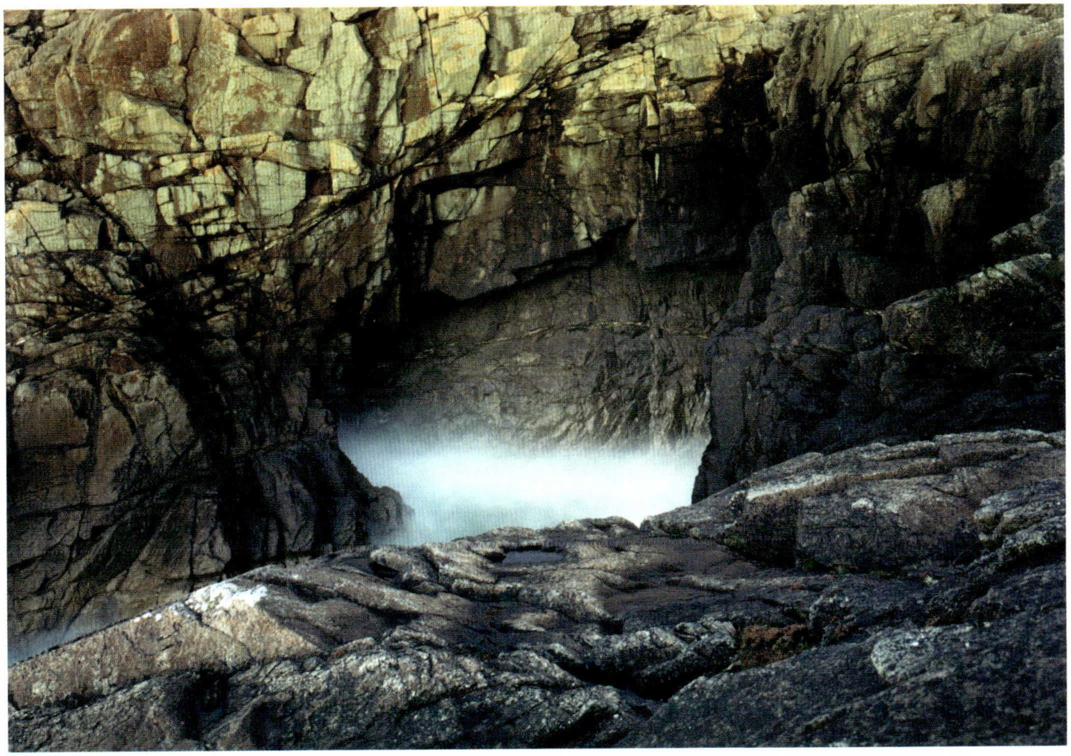

A fûm, a fyddaf eto, gwyn fy myd
Pan ddelo Duw â'i gyfrin gylch ynghyd.

'DYHEAD'

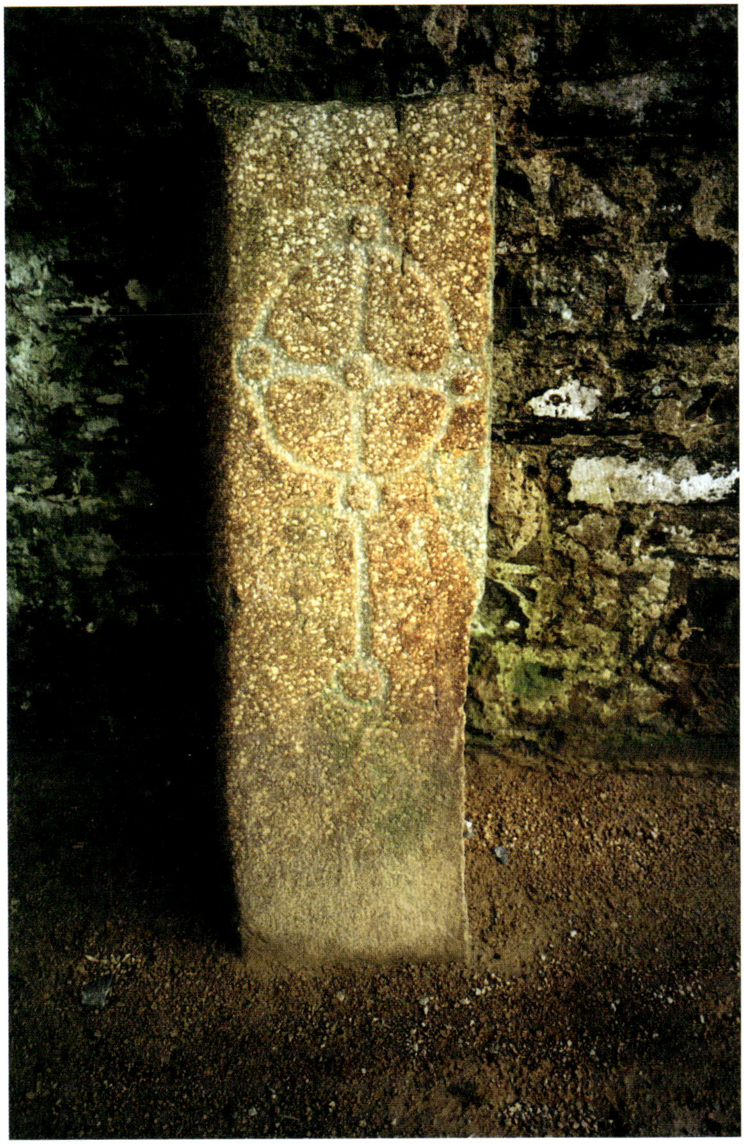

A heddiw ar adegau clir
Uwch ben yr oerllyd, dyfrllyd dir
Dyry'r ehedydd ganiad hir,
　　Glowgathl heb glo,
Hyder a hoen yr awen wir
　　A gobaith bro.

O! flodau ar yr arwaf perth,
O! gân ar yr esgynfa serth –
Yr un melystra, trwy'r un nerth,
　　Yr afiaith drud
O'r erwau llwm a gêl eu gwerth
　　Rhag trem y byd.

'AR WEUN CAS' MAEL'

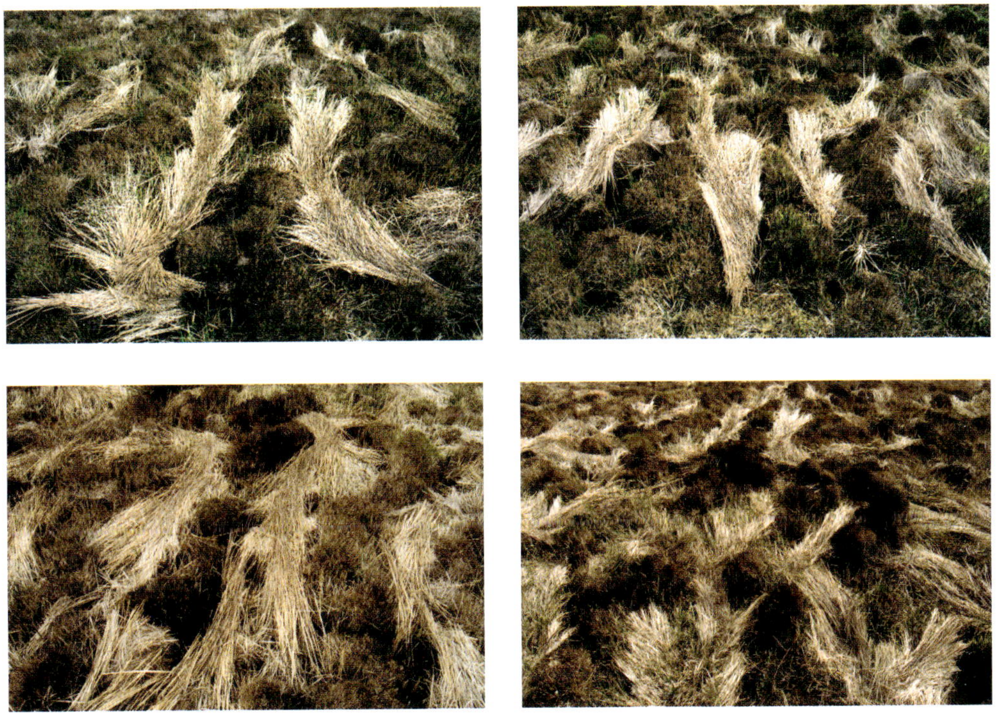

Oherwydd ein dyfod i'r ystafell dawel,
Yn yr ogof ddiamser yr oedd,
A'n myned allan i fanfrig gwreiddiau
Ac i afalau perllannoedd . . .

'OHERWYDD EIN DYFOD'

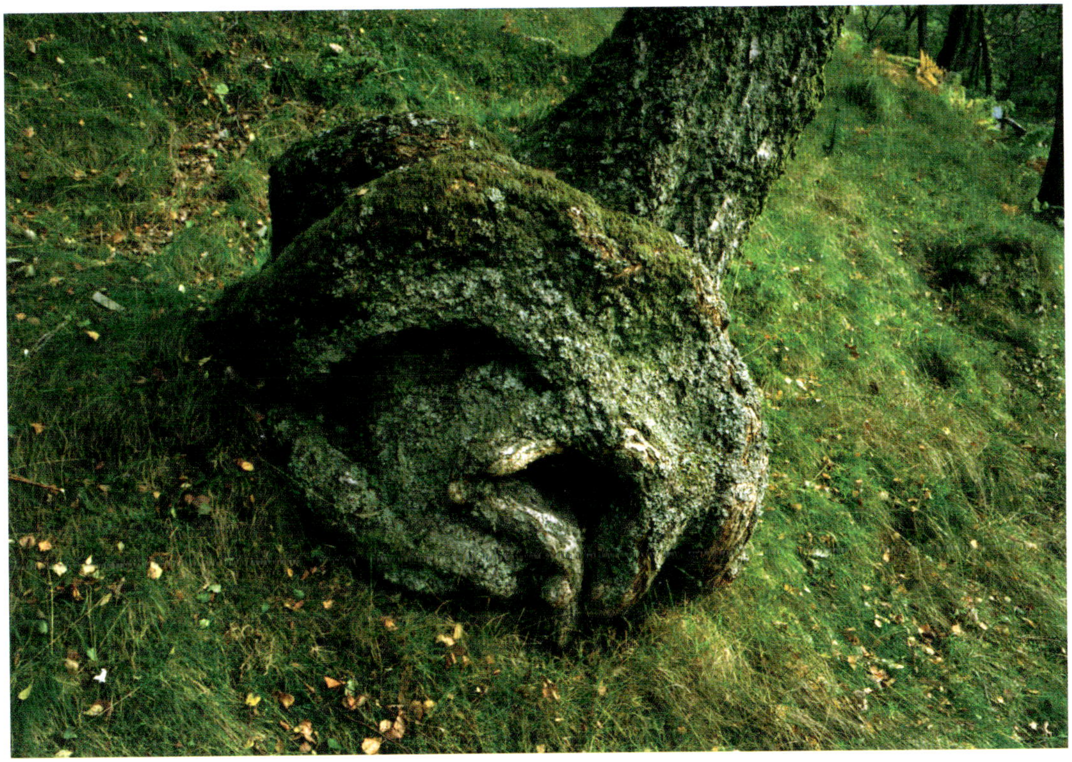

Codwn, yma, yr hen feini annistryw.

'YR HENIAITH'

Mae'r llys yn furddyn, ond mae'r meini'n annistryw. Codwn y llys.

LLYTHYR AT ANNA WYN JONES

Daw'r golau'n hardd drwy'r glyn erch.

'LLWYD'

. . . y perci llawn pobl.

'MEWN DAU GAE'

105

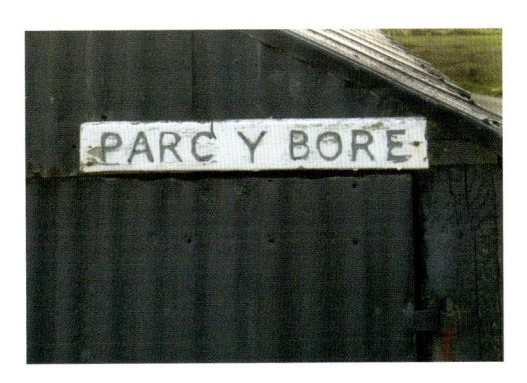

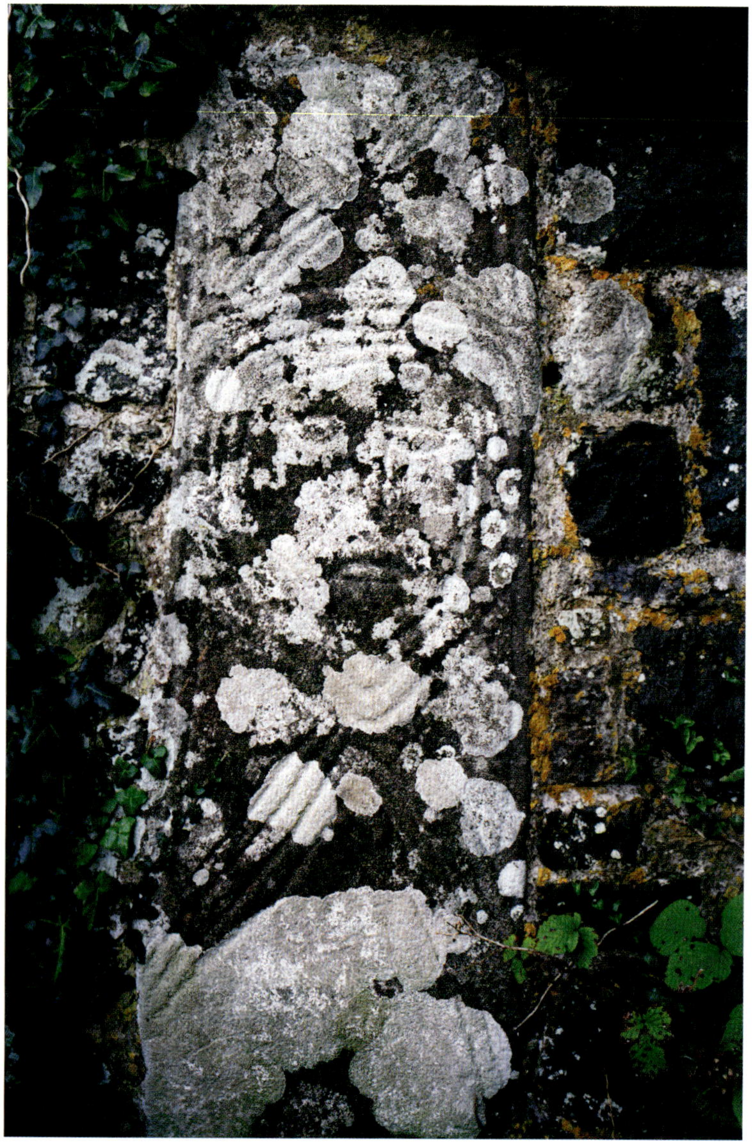

Camp a chelfyddyd y cenhedloedd cynnar,
   Anheddau bychain a neuaddau mawr,
Y chwedlau cain a chwalwyd ers canrifoedd
   Y duwiau na ŵyr neb amdanynt 'nawr.

'COFIO'

Hon oedd fy ffenestr, y cynaeafu a'r cneifio.
Mi welais drefn yn fy mhalas draw.
Mae rhu, mae rhaib drwy'r fforest ddiffenestr.
Cadw y mur rhag y bwystfil, cadw y ffynnon rhag y baw.

'PRESELI'

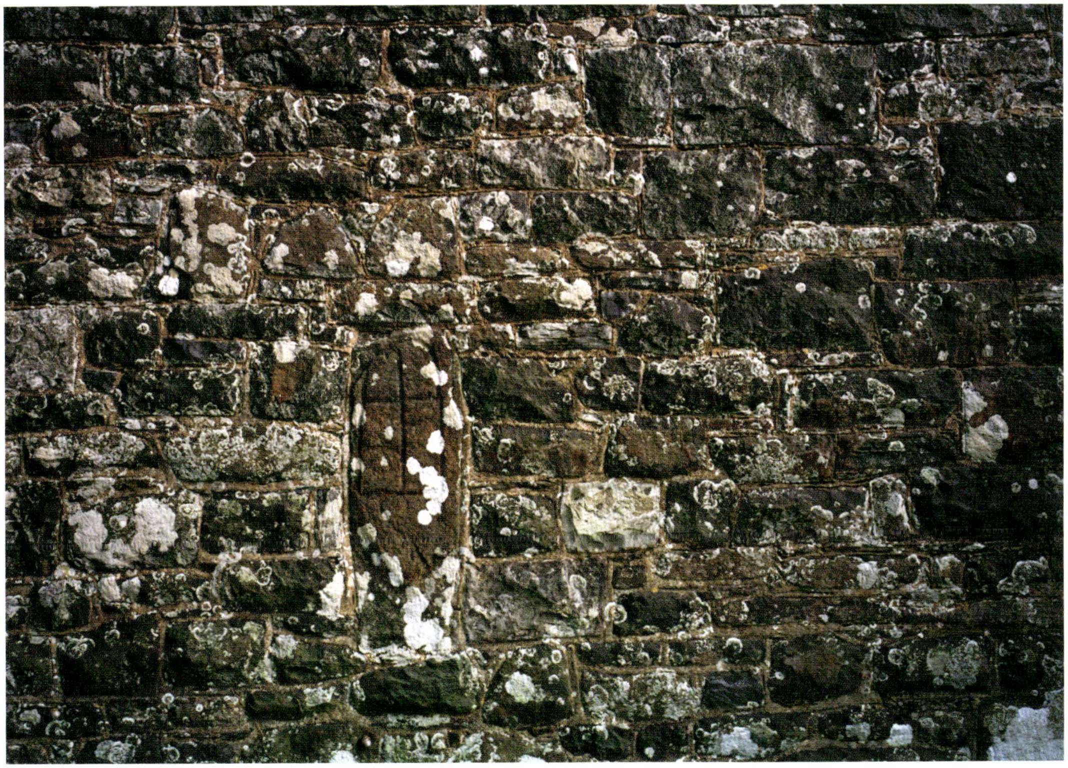

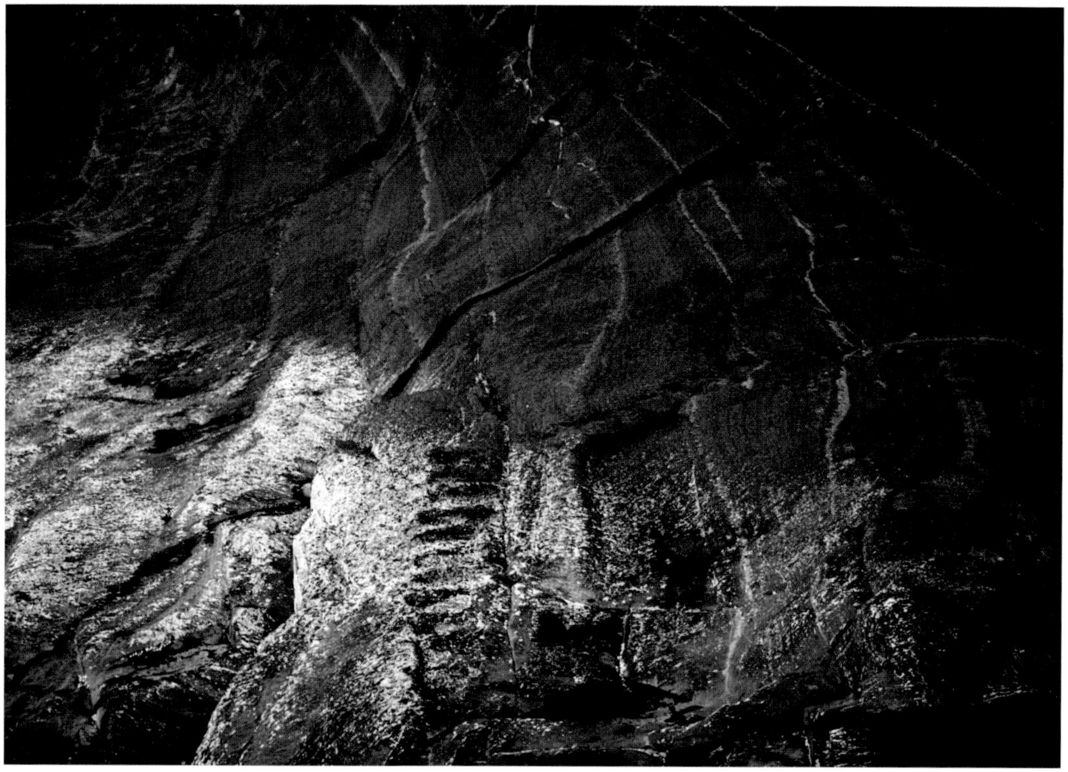

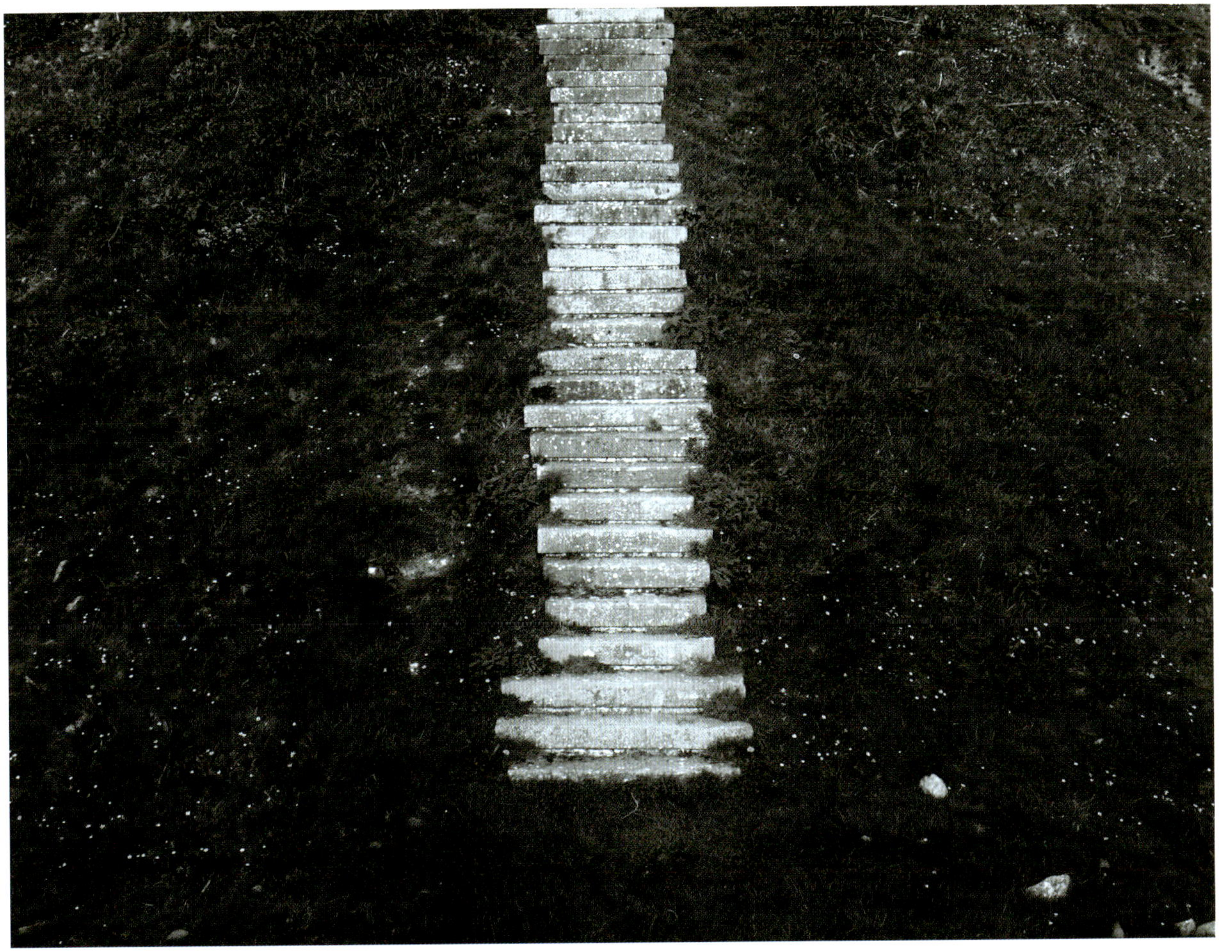

Ac onid yw cerddediad y brawddegau yn help i'n codi i'r man y synnwn wrth gyfathrach y byd gweledig a'r byd anweledig?

'AWEN EUROS AC AWEN PENNAR'

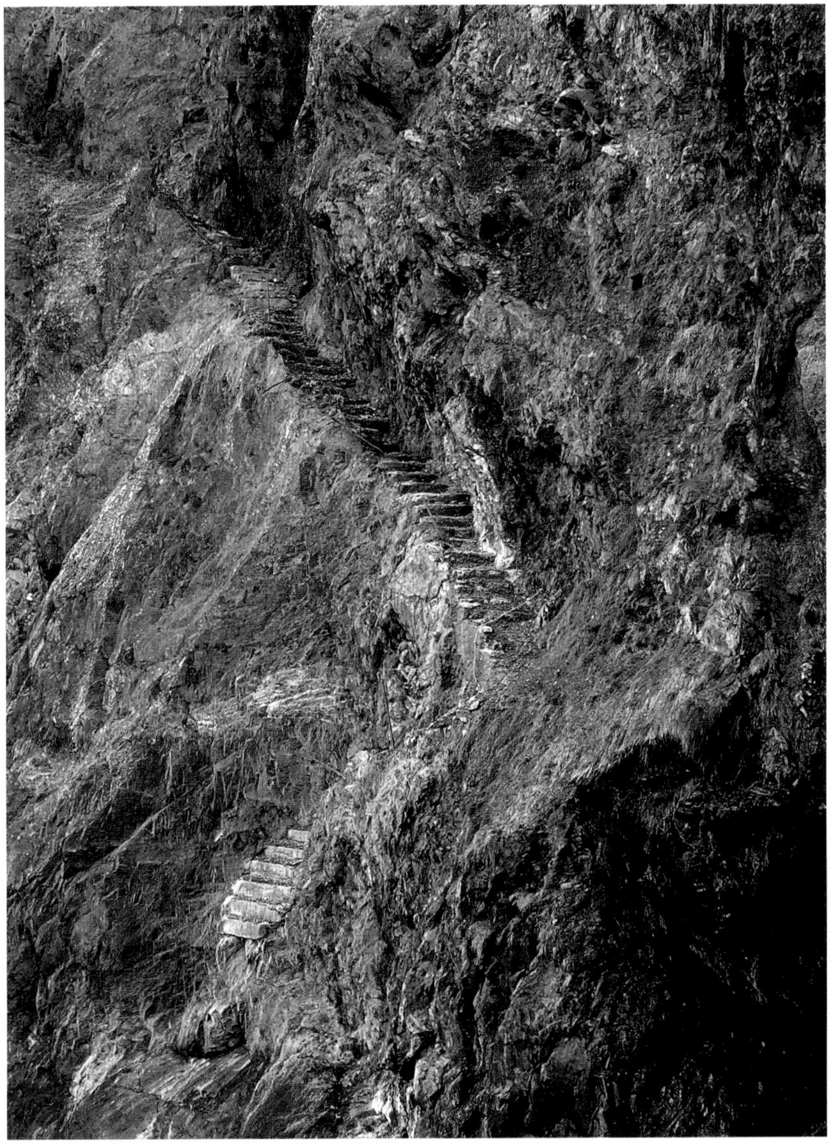

Pan dry ei fyw di-lamp yn fôr goleuni
A'i hen unigrwydd yn gymundeb maith,
Bryd hyn na alw'n dywyll, lygad diog,
Ddisgleirdeb gweddnewidiad iaith.

'BARDD'

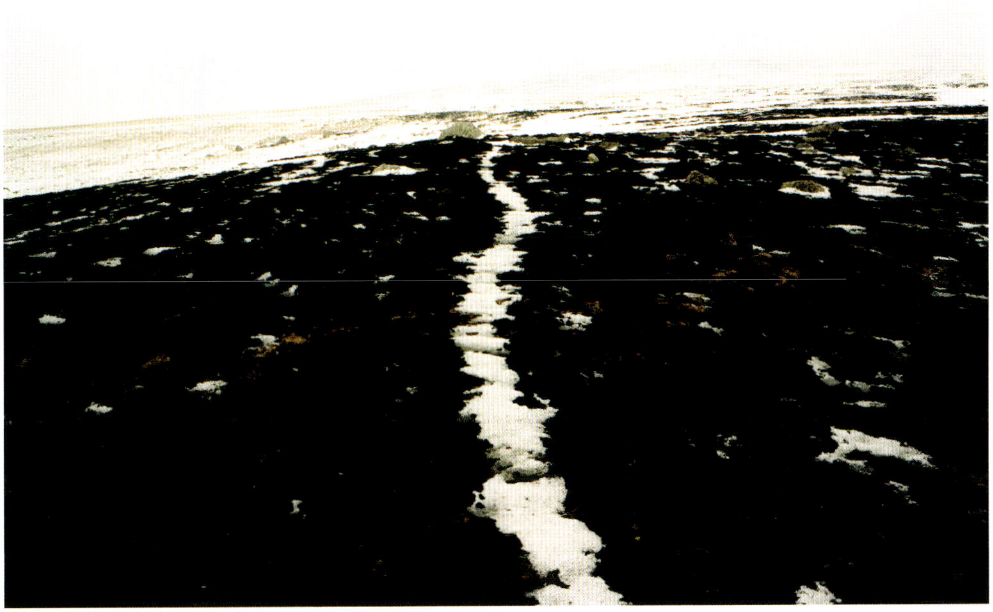

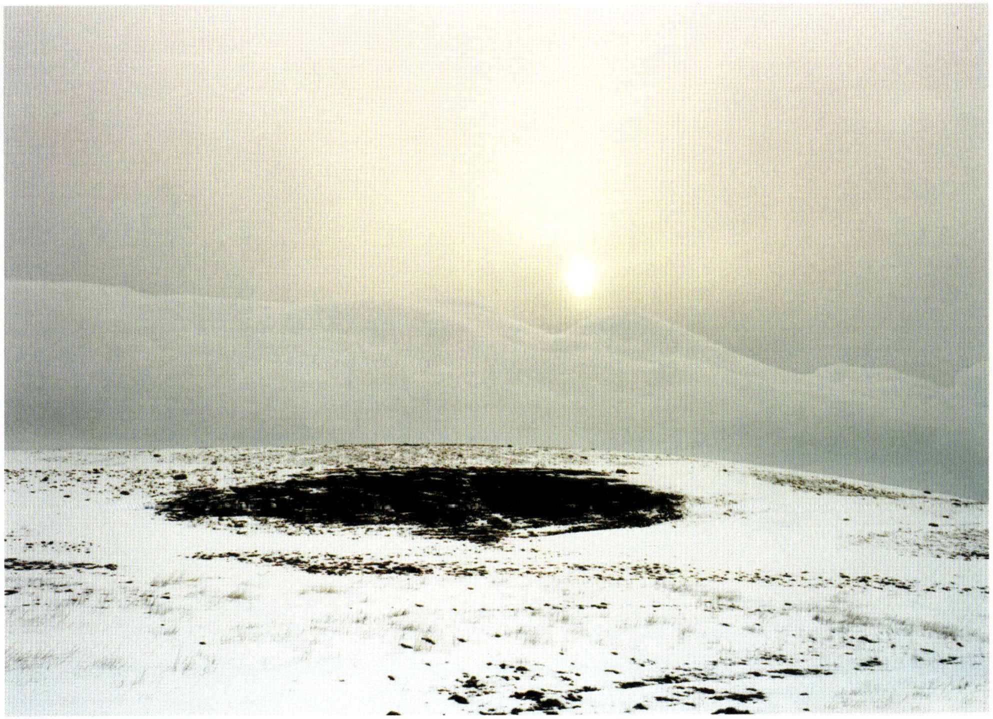

ffynonellau

Gweithiau Waldo Williams

BARDDONIAETH

'Ar Weun Cas' Mael' (98): Cyhoeddwyd yn *Baner ac Amserau Cymru* (2 Ebrill 1942), ac yn *Dail Pren: Cerddi* (Aberystwyth: Gwasg Aberystwyth, 1956).

'Bardd' (25, 114): Cyhoeddwyd yn *Dail Pren*.

'Brawdoliaeth' (84): Cyhoeddwyd yn *Baner ac Amserau Cymru* (29 Mai 1940), ac yn *Dail Pren*.

'Bwlch-y-ddwy-Sir' (40): Englyn anghyhoeddedig ym meddiant Vernon Beynon, fferm Y Cross, Llandysilio.

'Cofio' (107): Cyhoeddwyd yn *Y Ford Gron*, I:11 (Medi 1931), ac yn *Dail Pren*.

'Cyfeillach' (86): Cyhoeddwyd yn *Baner ac Amserau Cymru* (10 Ionawr 1945), ac yn *Dail Pren*.

'Dyhead' (96): Llyfrgell Genedlaethol Cymru, MS 20867B/21. Cyhoeddwyd (o dan y teitl 'Y Dyhead') yn *Cerddi Waldo Williams*, gol. J. E. Caerwyn Williams (Y Drenewydd: Gwasg Gregynog, 1992).

'Geneth Ifanc' (35, 50): Cyhoeddwyd yn *Dail Pren*.

'Linda' (38): Printiwyd yn wreiddiol ar ffurf cerdyn (gweler Llyfrgell Genedlaethol Cymru, MS 23986D/1 ac MS 20882C). Cyhoeddwyd yn *Y Genhinen*, XXI:3 (Haf 1971).

'Llanfair-ym-Muallt' (52): Cyhoeddwyd yn *Adferwr* (Ionawr 1973). Fe'i cynhwyswyd yn *Cerddi Waldo Williams*, gol. J. E. Caerwyn Williams (Y Drenewydd: Gwasg Gregynog, 1992).

'Llwyd' (103): Cyhoeddwyd yn y *Cardigan & Tivyside Advertiser* (19 Chwefror 1960), ac yn *Beirdd Penfro*, gol. W. Rhys Nicholas (Aberystwyth: Gwasg Aberystwyth, 1961). Fe'i cynhwyswyd yn *Cerddi Waldo Williams*, gol. J. E. Caerwyn Williams (Y Drenewydd: Gwasg Gregynog, 1992).

'Mewn Dau Gae' (68, 71, 79, 80, 104): Cyhoeddwyd yn *Baner ac Amserau Cymru* (13 Mehefin 1956), ac yn *Dail Pren*.

'Nid oes yng Ngwreiddyn Bod' (82): Cyhoeddwyd yn *Dail Pren*.

'O Bridd' (35, 40, 54): Cyhoeddwyd yn *Dail Pren*.

'Oherwydd Ein Dyfod' (93, 100): Cyhoeddwyd yn *Dail Pren*.

'Pa Beth yw Dyn?' (20): Cyhoeddwyd yn *Y Ddraig Goch*, XXIV:8 (Awst 1952), ac yn *Dail Pren*.

'Plentyn y Ddaear' (17): Cyhoeddwyd yn *Baner ac Amserau Cymru* (17 Mai 1939), ac yn *Dail Pren*.

'Preseli' (65, 74, 108): Cyhoeddwyd yn *Baner ac Amserau Cymru* (24 Tachwedd 1946), ac yn *Dail Pren*.

'Tŷ Ddewi' (56, 62, 77): Cyhoeddwyd yn *Dail Pren*.

'Wedi'r Canrifoedd Mudan' (82): Cyhoeddwyd yn *Y Wawr* ('Cylchgrawn Cangen Prifysgol Cymru, Aberystwyth, o'r Blaid Genedlaethol'), III:4 (1948), ac yn *Dail Pren*.

'Y Plant Marw' (32, 49): Cyhoeddwyd yn *Baner ac Amserau Cymru* (23 Chwefror 1944), ac yn *Dail Pren*.

'Y Tangnefeddwyr' (46): Cyhoeddwyd yn *Baner ac Amserau Cymru* (5 Mawrth 1941), ac yn *Dail Pren*.

'Y Tŵr a'r Graig' (18, 19, 43, 51): Cyhoeddwyd yn *Heddiw* (Tachwedd 1938), ac yn *Dail Pren*.

'Yr Hen Allt' (48): Cyhoeddwyd yn *Y Ford Gron*, I:9 (Gorffennaf 1931), ac yn *Dail Pren*.

'Yr Heniaith' (102): Cyhoeddwyd yn *Baner ac Amserau Cymru* (20 Hydref 1948), ac yn *Dail Pren*.

RHYDDIAITH

'Awen Euros ac Awen Pennar' (112): Cyhoeddwyd yn *Lleufer*, XVII:4 (Gaeaf 1961).

Adolygiad ar Hywel D. Lewis, *Gweriniaeth: Agweddau i'r Broblem Gyfoes* (22): Cyhoeddwyd yn y *Western Telegraph and Cymric Times* (31 Gorffennaf 1941).

'Brenhiniaeth a Brawdoliaeth' (26): Cyhoeddwyd yn *Seren Gomer*, XLVIII:2 (Haf 1956).

Eglurhad ar 'Daw'r Wennol yn ôl i'w Nyth' (44): Cyhoeddwyd yn *Baner ac Amserau Cymru* (29 Mawrth 1939).

Eglurhad ar 'Mewn Dau Gae' (71): Cyhoeddwyd yn *Baner ac Amserau Cymru* (13 Chwefror 1958).

Llythyr at Anna Wyn Jones (102): Llyfrgell Genedalethol Cymru, MS 23986D/20-3.

'Pam y Gwrthodais Dalu Treth yr Incwm' (86, 89): Cyhoeddwyd yn *Baner ac Amserau Cymru* (20 Mehefin 1956).

Cynhwyswyd y gweithiau rhyddiaith hyn yn ogystal yn *Waldo Williams: Rhyddiaith*, gol. Damian Walford Davies (Caerdydd: Gwasg Prifysgol Cymru, 2001).

Delweddau Aled Rhys Hughes

LLEOLIADAU

Clawr blaen: Carreg Ddu, Pwll Deri.
Wynebddalen: Carn Menyn, Preseli.
Clawr cefn: Coedwig Tycanol,
     Pentre Ifan.

Tudalen
17: Porth Maenmelyn, Pen Caer.
18: Dinorwig.
19: Craig Tre-Wman, Camros.
20: Egwlys Sant Gwyndaf, Llanwnda.
21: Abergwyngregyn.
22: Traeth Pwllgwaelod, Dinas.
23: Weun Parc y Blawd, Llandysilio.
24: Amroth.
27: Eglwys y Grog, Mwnt.
29: Eglwys Dewi Sant, Breudeth.
31: Eglwys Sant Gwyndaf, Llanwnda.
33: Traeth Musselwick, Dale.
34: Traeth Musselwick, Dale.
36: Carn Menyn, Preseli.
37: Cwm Eigiau, Eryri.
39: Mynwent Eglwys Dewi Sant, Breudeth.
41: Mynwent Eglwys y Santes Fair, Tre-Amlod.
42: Preseli.
43: Yr Hen Reithordy, Eglwys Sant Mihangel a'r Holl Angylion, Castell Martin.
44-5: Tir y tanciau, Castell Martin.
47: Yr *Aurora Borealis* – Gwawl y Gogledd – uwchben Pen Tyrcan, Y Mynydd Du; gwelodd Waldo ac E. Llwyd Williams 'Abertawe'n fflam' o'r fan hon.
48: Ger Wallis.
49: Carreg Ogam, porth Eglwys Dewi Sant, Breudeth.
50: Traeth Dinbych y Pysgod, yn dilyn llongddrylliad y *Sea Empress*.
51: Bae Niwgwl.
53: Bwlch Ungwr, Preseli.
55: Eglwys Dewi Sant, Breudeth.
56: Penrhyn Gŵyr.
57: Traeth Mawr, Tyddewi.
58: Y Swnt, Ynys Dewi
59: Y Swnt, Ynys Dewi.
60: Creigiau Elegug, Castell Martin.
61: Creigiau Elegug, Castell Martin.
63: Creigiau Elegug, Castell Martin.
64: Carn Menyn, Preseli.
66: Foel Drigarn, Preseli.
67: Foel Drigarn, Preseli.
69: Penrhyn Gŵyr.
70: Parc y Blawd, Llandysilio.
72-3: Parc y Blawd a Weun Parc y Blawd, Llandysilio.
75: Ger Brynberian.
76: Penrhyn Sant Gofan.
78: Mynydd Hiraethog.
79: Solfach.
81: Y Swnt, Ynys Dewi.
83: Abergwesyn.
85: Beibl, Eglwys Santes Fair Fadlen, Caswis.
87: Cofeb, Eglwys Sant Mihangel, Rudbaxton.
88: Porth Eglwys Dewi Sant, Breudeth.
90: Eglwys Sant Gwyndaf, Llanwnda.
91: Eglwys Sant Gwyndaf, Llanwnda.
92: Dinas Mawr ac Ynys y Ddinas, Pwll Deri.
94: Carreg Ddu, Pwll Deri.
95: Penmaen Dewi.
97: Llandudoch.
99: Weun Cas' Mael.
101: Rhandirmwyn.
102: Carreg Ogam, mynwent Eglwys Sant Dogfael, Llantydewi.
103: Stackpole.
105: '… aelwydydd fy mhobl', Sir Benfro.
106: Eglwys Sant Gwyndaf, Llanwnda.
109: Eglwys Sant Gwyndaf, Llanwnda.
110: Traeth Musselwick, Dale.
111: Castell Caswis.
113: Porth Maenmelyn, Pen Caer.
115: Foel Deg, Cefn-bryn-brain.
117: Foel Deg, Cefn-bryn-brain.